论无资助命令

UNFUNDED MANDATE

苏京春 / 著

山西出版传媒集团
山西经济出版社

图书在版编目（CIP）数据

论无资助命令 / 苏京春著. -- 太原 :山西经济出版社，2019.1

ISBN 978-7-5577-0444-5

Ⅰ.①论… Ⅱ. ①苏… Ⅲ. ①财政关系—研究 Ⅳ. ①F810

中国版本图书馆CIP数据核字(2019)第006037号

论无资助命令

著　　者： 苏京春
出 版 人： 张宝东
责任编辑： 熊汉宗
复　　审： 李春梅
终　　审： 李慧平
封面设计： 阎宏睿

出 版 者： 山西出版传媒集团·山西经济出版社
地　　址： 太原市建设南路21号
邮　　编： 030012
电　　话： 0351-4922133（发行中心）
0351-4922085（总编办）
E-mail： scb@sxjjcb.com（市场部）
zbs@sxjjcb.com（总编室）
网　　址： www.sxjjcb.com

经 销 者： 山西出版传媒集团·山西经济出版社
承 印 者： 山西康全印刷有限公司

开　　本： 889mm × 1194mm　1/32
印　　张： 7.25
字　　数： 186千字
印　　数： 1—1000册
版　　次： 2019年1月 第1版
印　　次： 2019年1月 第1次印刷
书　　号： ISBN 978-7-5577-0444-5
定　　价： 36.00 元

序一

得知京春近期将出版一本关于财政专门问题的论著，我作为她博士研究生学习时期的指导教师，对她在科研方面持之以恒的探索，深感欣慰。

Mandates这个词，对于研究财政政策和财政体制的人而言，不会陌生。然而，Unfunded Mandates这个概念，在国内确实很少提及和研究。我前几年与京春的学术讨论中，对此概念曾有涉及，对“无资助命令”这一译法较为认同，而京春此番对这一概念进行的较为系统的相关研究，我阅后更感觉有其价值所在。

无资助命令（受命）是指一种在现实的国家治理运行过程中所出现的那些没有财力支持且需完成的命令。这个概念虽然现阶段看来多用于较典型的财政联邦制经济体当中，但对于我国也有很大程度上的借鉴意义。无资助命令的概念，一方面联通着公共政策的决策机制，另一方面联通着财政体制，是决策机制和财政体制的重要结合点。这本书比较细致地探讨了无资助命令的三大维度和两层博弈关系，并在此基础上对其进行了全面的比较分析，可以说较为系统地建立了无资助命令的概念体系，构造了其理论基础，而后有针对性地从理论层面提出对策建议，对我国财政体制运行中所遇到的相关问题和细节处理的优化，具有可贵的启发性。

人们对财政体制下政府间关系中责、权、利的相关探讨从未停止，因为其颇具现实意义，而对其中无资助命令的思考与关注，恰能为我们丰富相关认识，助益当下的改革，打开一扇引入清风的窗户。

虽然这本书中的一些阐述还有可以继续挖掘提升的空间，若干细节之处还有待完善，但其出版问世的积极意义值得肯定。我也期望苏京春博士能够在她选定的学术研究之路上继续努力，探索未知，服务现实，做出新的成绩。

贾康

2018 年 12 月于北京

序二

很高兴接受京春的邀请为本书作序。我作为她在攻读硕士研究生阶段的指导教师，看到她对硕士论文的相关研究又做了深入拓展并且形成了专著，很为她高兴。本书的研究主题其实是财政学中一个很窄的问题，但却牵连整个公共管理体制，特别能反映公共政策活动的整体特征，对于中国而言，也不例外。所谓“见微知著”，用在这本书所关注的主题上，可以说是比较恰当的。

“无资助命令”这个词是英文 Unfunded Mandates 的翻译，就是指上级政府对下级政府下指令，但却不给予相应的资助，也就是只给任务不给资源。这是对政策活动中的一类普遍现象的一个透视，从字面上就能看出这类现象的实质和特征。

“无资助命令”现象全世界各国都存在，其根源在于国家政治的内在矛盾性。从满足社会需求和政府行为的动力、能力和约束上来讲，分层级管理是公共管理的必然。随之而来的自然就是各级政府间的关系问题。人民和基层组织必须让渡出一部分重要的权利给全国政府（中央政府）才能组织起国家，得到国家带来的好处。所以，尽管联邦制国家内的各类政府之间是分工合作关系，而不是简单的上下级关系，但总的来说还是存在层级关系。从民主政治的基本概念上讲，只要人民不希望国家解体，对全国政府的授权总是大于对地方的授权，这就需要全国一致的法律和政策，形成人民观念和利益上的同一性，使国民形成国家认同。另一方面，一个国家内部的各地差异大，各有独立的利益与追求，单靠中央政府管不过来，也管不好。单一制国家内的各类政府存在明显的上下级关系，但各级政府也要保持责权利上一定的独立性。否则，下级政府只是作为中央政府纯粹的执行机构，就不能也不愿很好地满足各地民众不同的、细致的需求，最终引发民怨而危害国家的统一。

一国之内，统一性和多样化都是有价值的，不能走极端，只求一项价值而舍去另一项价值。国家的统一性和内部的多样性是政治生活内在的基本矛盾，就像人民需要政府但又要限制政府一样，这是政治运行的基本动力和约束条件，任何政体的国家都始终存在这一基本矛盾，形成政府间关系的内在冲突。这可能是本书中京春提出的“无资助指令”内部的悖论（无资助命令产生于财政联邦制，但是同时又对财政联邦制产生冲击）的一个解释。

事实上，现代联邦制国家多是从原来的单一制演化而来的，在单一制的基础上汲取了联邦制的优点。而联邦制二百多年的历史事实表明，联邦政府的职权一直在扩大，中央集权成分一直在增加。这就是现代国家治理上的趋同现象。但由于联邦制国家的组织原则是自下而上的，这种矛盾冲突更为明显和表面化，对“无资助指令”更为敏感，所以才提出了这个问题，而单一制国家的政治逻辑则一向漠视和压制此类问题，或者根本视为正常态，不容易引人深思与研究。

不管是单一制国家还是联邦制国家，全国政府总是具有某种兜底责任，这样才能构成一个国家而不解体。单一制国家就不用说了，联邦制国家其实也是如此。美国州政府对地方政府是兜底的，尽管地方政府有破产一说，但破产前州政府要救助，破产后州政府要接管，而不是彻底的各行其是，自负自责。联邦政府对州政府实际上也是如此，因为联邦政府是国家主权的载体，接受全国人民的委托，维护国家统一和安全。兜底责任相当于无限责任，根据责权匹配的原则，这么大的责任必然要匹配这么大的权力，这其中就包括了无资助指令。但并不是说，上级政府可以因此而不断扩权、集权，具有无限权力。因为真正兜底的是人民，政府把国家搞垮了，结果最终都是由人民承担的。只有认为政府对人民具有无限权力，才会自然也就具有对下级政府的无限权力。所以，各级政府间的关系必须寻求一种平衡，而不能不断增加无资助指令。这就需要对这个问题进行全面系统的研究。

本书的年轻作者针对这一问题进行研究，推出这本在中国具有开创性和相当建构性的著作是一个壮举。本书研究了“无资助指令”的基本概念，建立了一个关于“无资助指令”的体系。我读了书稿，觉得本书有四个特点。

一是对比性。本书基本上贯彻了以中美为对比，理论和实例分析都含有大量的中美对比材料。事实上，大国治理与小国治理有很大的差异性，大国之间治理的比较研究不仅在理论上，而且在实践上都是如此。而中美之间的历史与现实国情差异很大，从理念到实际，都堪称两极，中美对比研究最能凸显问题的深度和各个侧面。京春细致地捋出了美国“无资助指令”问题的历史沿革和学界的研究，让我们清楚地看到了此一问题的发展脉络，使得我们有了一个很好的参照背景，也获得了很多历史经验。在此基础上展开的针对中国问题的研究，在多个部分都列出了中美对比的情况，使得全书有比较坚实的基础。

二是中国特色。作者不是简单将美国的研究迁移到中国身上，而是对中国问题有深刻的解析，解释了此一问题在中国的特点和复杂性。作者在书中提到的无资助指令的命令暗示是一个很好的说法，能很好地解释中国政治与行政体系的特点。中国文化讲究喜怒不形于色，不追求直白透底，而是强调领会。很多政策文件字面上都是平和稳健，而不是疾言厉色，但常常内含暗示和严厉。犯禁者往往都是不解深意，或者妄行侥幸。这是中国政策体系内的一大特点。另外，本书有一些博弈论分析，而中国制度条件下的政府间博弈很独特，无论从博弈主体、方式方法，还是时间跨度上，都更为复杂。比如，即使是为了落实上级政府的有资助命令，下级政府也经常必须要补足资源缺口，这就等于上级在“钓鱼”，下级政府官员明知如此也要去“咬钩”，而不会公开争辩。因为如果不“咬”的话，不仅得不到上级一定的资助，而且会被本地官民埋怨，更得不到上级的赏识，失去很多潜在的利益。

三是理论联系实际。本书篇幅不大，但理论分析的框架清晰，也并不是纯理论的著作。作者进行了很多调研，书中有不少实例材料和分析。这些实例不仅很好地解释了概念，让人们更好理解作者所给出的基本命题，也便于读者以此来解释现实中的很多问题，做到了理论联系实际。这就使得作者的努力不仅具有理论意义，也具有实践价值。比如关于新型农村合作医疗制度中的案例，引入了隐性无资助命令的概念，使得我们对这一问题的认识有了新的角度。其实，更早的“普及九年制义务教育”中的问题更严重，命令清晰而强烈，但资助几近于无，不仅使很多地方的县级财政濒于破产，而且还撕裂社会，增加官民矛盾。

四是提出了一系列很有解释力的概念和坐标。作者用“无资助指令”概念解释了中国各层级政府间的“权力向上集中，职责向下堆积”问题的实质，提出了研究无资助命令的三大理论维度，分别是：命令的强弱程度、命令的清晰度、无资助的强弱程度。这个体系比较全面，富有解释力。比如作者提出的显性和隐性无资助命令的划分，很有价值。中国式管理的一大特征就是模糊化，不清晰，甚至根本就不追求清晰，“难得糊涂”成了大智慧。这与科学的求真、求实、求精准的精神正好相反。中国的很多制度存在高度柔性，体现在各级政府职责划分上，总有很多东西不甚明确。即使制度比较明确，但能否如字面规定的那样有效运行还是事在人为，弹性很大。虽然总的来说，中国存在“权力向上，职责向下”的问题，但也存在“上级父爱，下级撒娇；上级严厉，下级乖顺”的现象。政府间的很多问题的提出、谈判和解决都可能是隐性的和个别的，而不纳入政策管理。

本书在我国学界开辟了一个重要的研究领域，可喜可贺，今后还可以继续推进，一些问题可以进一步深入。比如如何将三个维度统一起来研究，构建一个坐标系，这样就能更好地解释各个空间的特点，形成更为完备的体系。比如命令的强度，可能需要引入最终政策对象这个变量。因为任何命令都对政策对象进行利益分配，必然会在部分利益损失的政策对象那里激起某种对抗或对策，这才需要有命令的强制性来威慑，减少执行阻力。所以，“基于共识的强命令”中的命令之所以必要，不是来自上下级的对策，而有最终政策对象的原因。特别是民主法治的发展，人们权利意识不断强化，这都会形成反射，从而使得官民之间的关系进入政府间关系之中，形成对政府间关系的刺激和制约。

“无资助指令”最初是作为一个财政学的问题展开研究的，但财政是政治与经济的结合体，解决不了政治问题，也就解决不了财政问题。作者明确将财政问题归结于决策体制问题，也就是这个意思。“无资助指令”的实质是本级政府对自己的决策不太考虑资源的约束，特别是财政约束，权力与责任脱节。缺乏契约意识和法治精神，必然就会使无资助指令无限扩张，扭曲政府间的正常关系。因此，增强社会契约意识，建设法治社会，对无资助指令进行及时辨识和评估，并进行有效的监控，应该是我国社会治理能力建设的重要组成部分。

作为年轻学者，京春能有这样的体系构建能力和见解深度，值得嘉许。本书内容丰满，体系清癯，特此作序以为理解和推荐。

姜福洋

2018 年 12 月于天津大学

序三

处理好中央与地方关系是推进国家治理体系和治理能力现代化的重要内容。早在 1956 年 4 月 25 日，毛泽东在政治局扩大会议上作《论十大关系》报告时，就专门讲到了“中央和地方的关系”。党的十九届三中全会通过的《关于深化党和国家机构改革的决定》明确提出，统筹优化地方机构设置和职能配置，构建从中央到地方运行顺畅、充满活力、令行禁止的工作体系。地方要确保中央的集中统一领导，保证国家法制统一、政令统一、市场统一，要建章立制、设置机构、推动工作，都是需要花钱的。那么其他国家是否也存在地方政府安排经费，用于落实中央政府的法律法规和指令的情况呢？苏京春博士的专著《论无资助命令》为我们提供了美国的实例。从美国情况来看，联邦政府特定情况下会通过法律法规，要求州和地方政府实施特定行为，但不承担所需费用，而是由州和地方的纳税人埋单。1995 年 3 月 15 日，美国颁布《无资助命令改革法》，旨在防止美国国会在没有适当资助的前提下向地方政府强制命令增加地方政府开销，并规定对要求州政府、法院以及地方政府增加开支的事项进行必要的预算分析，审慎行事。

苏京春博士治学严谨，功底扎实。她长期关注并研究政府间财政关系问题。作为从事预算管理的实务工作人员，我遇到问题常与其讨论，观点常与其交流，往往感慨其掌握文献资料之丰富、审视分析问题之独到。

党的十八届三中全会提出，建立事权和支出责任相适应的制度，中央和地方按照事权划分相应承担和分担支出责任。这项改革正在紧锣密鼓地推进中。他山之石，可以攻玉。苏京春博士在其硕士论文基础上修改付梓《论无资助命令》，介绍美国这一典型联邦制国家联邦政府向州和地方政府派活、出钱的情况。相信这对研究完善我国中央与地方财政关系将有重要的借鉴意义。

是为序。

王法忠

2018 年 11 月 14 日于三里河南三巷

目　录

第一章　国家治理、政府参与资源配置与无资助命令…………………… 001

第二章　无资助命令的适用性、必要性、演变与边界思考……………… 021

第三章　无资助命令基本概论：公共政策决策机制与财政体制
　　　　　的重要联结…………………………………………………… 043

第四章　无资助命令的第一维度：命令的强弱程度………………… 067

第五章　无资助命令的第二维度：无资助的强弱……………………… 079

第六章　无资助命令的第三维度：命令的清晰度……………………… 087

第七章　不得不考虑的广泛博弈第一层：政府间行政关系…………… 097

第八章　不得不考虑的广泛博弈第二层：政府间财政关系…………… 117

第九章　无资助命令的全体系分类与比较分析………………………… 137

第十章　美国无资助命令的案例现象与解决方案……………………… 155

第十一章　转变无资助命令的学理思考：构建公共政策与
　　　　　财政资源匹配机制……………………………………………… 165

第十二章　转变无资助命令的实践起点：理顺政府间事权划分……… 177

第十三章　事权、财权、财力、支出责任的关系解析与
　　　　　无资助命令显性化和合法化框架性简述……………………… 199

参考文献……………………………………………………………………… 209

后记：一个预期之外的十年回顾　………………………………………… 216

第 一 章

PART 1

国家治理、政府参与资源配置与无资助命令

落后国家由于模仿的空间很大，所以可以在没有好的制度的条件下，通过对发达国家技术和管理模式的模仿，取得发达国家必须在一定制度下才能取得的成就。特别是落后国家模仿技术比较容易，模仿制度比较困难，因为要改革制度会触犯一些既得利益，因此落后国家会倾向于技术模仿。但是，这样做的落后国家虽然可以在短期内取得非常好的发展，但是会给长期的发展留下许多隐患，甚至长期发展可能失败。

——杨小凯

我国存在着非常典型的“上有政策，下有对策”现象，尽管若简单从学理层面看去，似都属于“扭曲”，但在实践中的反映确实有消极亦有积极。比如应付检查、阳奉阴违、拒不执行等属于典型的消极作为，但也确实包括了救济救灾、老兵安置、流动补贴等积极作为。无论是正面行为还是负面行为，有的甚至积极作为更广泛。但都导致了令行禁止过程中的丛生乱象，这也是一个不得不承认的事实。这其中，也不能说没有治理的规则，只是这些规则与领导者才能直接相关，地域差异明显，错综复杂，五花八门，可以说统一表现为“隐”治理。这种“隐”治理在我国经济发展的初始阶段发挥过至关重要的作用，值得注意的是，随着经济发展步入上中等收入阶段，资源环境等制约已突显，这种“隐”治理比较约束的方式，显然是对缓解财政分配“三元悖论”不利的，严重的还可能产生内耗。这种“隐”治理也并非没有做过翻“明”的尝试，比如我们经常看到的，在某一个公共政策领域，针对某一个政策的系列文件常常一个接着一个，让落实主体甚至有些应接不暇，今天允许做的事情，明天有可能就发生变化，今天刚刚谈好的事情，明天有可能在新文件约束下就要搁置了。值得思考的是，这种系列文件出台的政策目标绝不在于要让落实主体云里雾里，实际上恰恰是想让隐性治理规则翻明、让整体治理更加有序而做出的非常有针对性的，完全是积极意义上的努力。但是大多数情况下，这种努力总是表现得有些差强人意，有一些甚至引发了负面事件甚至是恶性事件，时不时推政府方到“塔西佗陷阱”的边缘。因此可以说，在运行实践当中，这种翻“明”的尝试不能说完全没有意义，但是作用相当有限，有可能直接影响到政策连续性，进而产生新的“上有政策，下有对策”现象，甚至有可能直接导致旧政策成为一纸空文。本书正是从这种典型现象引发的一系列思考出发，经过观察、研究、探讨和论述而形成的成果。已经出台的公共政策犹如覆水，回收的过程往往又要通过新政策去覆盖，难上加难不说，政策合力最终指向哪里也并不确定。在这个时候，笔者认为过度关注问题本身也许只能是雾里看花，找到问题的根源，可能恰恰需要“通病归一”的思路。而在这一思路下所展开的研究表明，财政层面的“无资助命令”（Unfunded Mandates）可说是“上有政策，下有对策”现象的症结所在。

透过现象看本质

我国从封建社会沿袭下来的官僚等级，表面上看来上级出台政策下级执行这种固有模式是没有矛盾的，但实际上这种模式已经与公共管理内部的真正体系产生矛盾，下级政府与上级政府之间表面的官僚等级并不能够保障政策效力，导致政策效果与预期效果反差较大。尽管现阶段我国政策系统中已经开拓了多个板块，包括听证机制、回馈机制、再完善机制等互动环节，但是在我国公共政策系统运行中这种固有的由上而下的方向性认识，仍然是不尽科学的。由于缺乏对上级政府与下级政府分工合作本质关系的认识，在我国形成了对于公共政策问题，上级政府负责相关公共政策的规划、扶择、颁布、评估和监督，但最关键的环节也是决定公共政策有效性最重要的因素，即公共政策的执行，却在上级政府出台政策后主要由下级政府来实施。这种无条件服从的官僚体制，使得“上有政策，下有对策”现象产生并长期存在。

造成这种现象的原因有多种，政府官员出于自身利益的选择性执行是最容易被想到也是目前被普遍揭示的一个原因。下级政府负责公共政策的主要执行，政府官员则是公共政策真正的执行者，出于经济人的本性，政府官员依赖个人偏好对公共政策作选择性执行是难以避免的。这种偏好许多情况下对公共政策的执行是没有本质影响的，但是在某些情况下，政府官员的个人偏好可能导致其对上级领导人的抵触、对公共政策资金的贪污、对公共政策命令的抵制等突发情况，致使公共政策难以继续实施。除此之外，公共政策落实中所需的技术、人员、自然条件等因素也不同程度影响着公共政策的执行。

然而，仅仅用这种原因来解释“上有政策，下有对策”是远远不够的，笔者认为，除了以上从公共政策外部角度考虑的因素外，还有一种从公共政策内部角度分析的基本原因，即存在上级政府对下级政府的无资助命令。

公共政策是公共权力机关经由政策所选择和制定的为解决公共问题、达成公共目标以实现公共利益的方案。[1] 以美国为代表的西

1　宁骚：《公共政策学》，高等教育出版社，2005，185页。

方国家的公共政策系统中，联邦政府与各层级的地方政府之间并非是刚性的上下级关系，它们往往不强调层级，而更多的是一种分工合作的关系，只是负责范围不同。联邦政府的政策执行有两种选择：一是联邦政府自己出台政策，有足够资金和人员，自己到基层去工作；二是联邦政府雇用地方政府来做事，同时给予财政资助。联邦政府开始规模很小，后来州和地方政府各自为政难以有效利用资源导致效率低下，推使联邦政府发展到现阶段的规模，但是州政府与联邦政府之间仍然是没有上下级关系的。在此提出无资助命令产生的问题以及解决途径也可以说是上级政府与下级政府之间行政和财政矛盾关系调和的产物。美国各个政府拥有自己确定的职能，之所以聚集成一个国家，不仅是政治的要求，更是提高资源利用效率，发挥更大优势的理性选择。

当联邦政府颁布法律法规的同时没有给予必要资金支持时，州和地方政府将必须为法律规定的这些执行条款支付相关款项，即基层政府才是为这些法规埋单的纳税人。在我国，我们可以暂时界定为上级政府在颁布法律法规、行政规章或发布行政命令的同时没有给予相应的财力支付，于是造成了上级政府与下级政府财力与实权不匹配，极化了财力在上一级政府集中而事权在下一级政府集中的现象，地方政府选择性执行，导致公共政策失效。

上级政府对于这种政策一般而言只有命令而无相应资助，进而容易导致指令泛滥，使得下级政府形成一种困境，没有相应的资助却又不得不执行。这种命令使下级政府陷入困境、上级政府失去约束，愈发形成基层政府负担重、资源少，上级政府支配资源的随意性大。就我国现行体制来看，上级政府与下级政府各有其职，但下级政府是上级政府与公民之间的桥梁，必然起到纽带作用，除了处理与公民相关的具体事务外，还要承接上级政府对下级政府的命令，面对自身繁杂的事务、上级泛滥的无资助命令和有限的财政经费，下级政府在某些情况下可能巧妇难为无米之炊。此时，便极有可能产生下级政府对上级政府公共政策的选择性执行，甚至不执行。从这种角度来看，这种行为不是由于政府官员的主观性，而是由于下级政府客观上难以承受公共政策的执行成本，不得已而为之。

例如，在我国一直秉承“百年大计，教育为本”，将“科教兴国”作为一项基本国策。1986 年，我国颁布了《中华人民共和国义务教育法》，全面推行普九教育，财政即开始对九年义务教育进行转移支付。但是由于我国是发展中国家，中央财政对教育的投入远不能达到相应文件规定的程度，并且在普及九年义务教育的进程中，由于全国各地的财力状况不同，推行的程度和速度也各异。尽管国家对于普九的进程等做出了详尽的规划，但是省级以下政府由于财政压力过大，往往仅按照上级的指示发布命令，并不能够同时给予基层财政教育补助，尤其在偏远山区，其普九进程与国家的要求相去甚远，其中财力是最大的制约因素。时至今日，我国政府提出民生为本，加大教育的投资力度，弥补教育缺口，使得现阶段教育政策与财政政策逐步接轨，趋势良好。但是不排除仍然有很多环节存在无资助命令的现象，导致义务教育的目标过高，财力薄弱，政策效力丧失。

因此，从分析上级政府与下级政府之间政治关系、财政关系出发，进而分析公共政策体制与财政体制之间的关系，从而研究无资助命令对于解释中国公共政策体制中出现的很多现象和解决相关问题，对完善公共政策体制，尤其是如何提高公共政策有效性方面，对于完善公共财政体制，加强财政体制的稳定性，都是很有帮助的。

什么是无资助命令

从字面上来看，无资助命令所指就是在现行国家治理运行过程中所出现的那些没有财力支持且需完成的命令（或者说指令）。

从全球实践视角客观而言，无资助命令是一个在财政联邦制下多用的概念。在财政联邦制下，无资助命令（Unfunded Mandates）就是指那些法规或规章明确做出的，让州政府和地方政府履行某种特定行为的要求，但是却不为这些要求提供任何财政支持。在美国的财政联邦制下，无资助命令的一个典型案例就是全民选举。每个州自行组织该州居民进行选举。尽管选举的最终结果由联邦政府官方决定，但实际执行中却是各个州自行支付运作选举产生的花费。

从表象来看，无资助命令与财政联邦制下政府在提供公共品方面的职责分配息息相关，而这种关联并非来自清晰的职责划分，恰恰相反的是，这种关联是来自职责划分中往往无法明确的部分，这一点我们可以以美国为例来进行概述。在美国，联邦政府与州和地方政府有所不同，它的职责范畴受到历史沿革和现实需要两个维度的影响，而且对于联邦政府提供的大多数公共服务，美国宪法不进行相关约束。州政府的职责范畴则必须遵循宪法和相关法律法规的规定。特别值得注意的是，尽管从体量上来看，由联邦政府直接提供的公共服务比由州和地方政府直接提供的公共服务规模要小得多，但是联邦政府却在职责上发挥着更重要的作用，联邦政府能够参与法律法规的制定，可以支配各种限定条件的联邦拨款、贷款并且履行成本分担机制，这些相关权力使联邦政府在公共品提供职责方面发挥的作用更加广泛，而不仅仅局限在直接提供财政资金这一狭窄的范畴。在此基础上的联邦命令，就是联邦政府施加在州和地方政府之上的联邦政府权力的一种，或者更准确地说，是一种联邦政府优先权。

根据国际相关学者和美国本土学者的研究，能够比较确定的是，无资助命令是州和地方政府增加财政支出的重要原因。特别值得注意的是，尽管无资助命令听起来可能是一个小概念，但是却曾在美国接受过很长时期的广泛深入探讨，备受联邦政府部门、州和地方政府部门以及公民的关注，甚至在历经 14 年的多方努力之后，于 1995 年出台了专门法案，本章下文中也将详细阐述。即使在法案出台之后，也一直有一批学者对无资助命令进行持续追踪。比如美国学者盖洛，她考察过法案出台之后的联邦政府无资助命令，认为其信息披露方面的提高值得赞赏，但是仍然认为无资助命令的存在会对联邦政府进行公共决策造成长期影响，原因是 1995 年法案对联邦政府的约束仍然非常有限，使用范围比较窄。美国预算和政策优先权中心（the Center for Budget and Policy Priorities）甚至对无资助命令的体量进行了估计研究，认为联邦政府的无资助命令所导致的州政府财政成本上升的体量达到了730亿美元。

认识财政联邦制下的无资助命令

全球现行财政联邦制下，无资助命令实际上主要以两种形式存在：一种形式是显性的，笔者在本书中姑且称为显性无资助命令；另一种形式则是隐性的，暂称为隐性无资助命令。

通常情况下，州政府接收到的联邦命令是直接以命令的形式出现的，而在这些命令当中，联邦政府可能直接要求州或地方政府采用某种特定的方式提供某种特定的公共服务，而这些明确要求却是无财政支持的命令，就是显性无资助命令。在美国，驾驶执照和选民注册，都属于典型的显性无资助命令。

此外，也有一些情况，州政府接收到的联邦命令不是以直接命令的形式出现的，而是以对联邦政府财政支持（比如拨款等）设定条件的形式出现的，这些设定条件虽然不是直接命令，但也是州和地方政府所必须遵守的。在实操层面上，这些设定条件对于州和地方政府来说与命令性质无异，属于典型的隐性无资助命令。特别值得注意的是，在财政联邦制中，对显性无资助命令往往是有法律规定和相关约束的，但是隐性无资助命令却不在法律规定和相关约束框架范围内，甚至不将对财政支持设定条件这种行为认定为命令，而这些行为在实践运行中却实实在在表现出命令的特征。以美国的“不让一个孩子掉队”（No Child Left Behind）这一政策为例，联邦政府对州政府进行拨款的同时设定了许多附加条件，尽管联邦政府对州政府的影响不是直接通过命令来体现的，但是列入清单的那些与拨款有关的命令是联邦政府对州政府的直接要求，州政府是否满足这些要求，直接影响着联邦政府的行为，是联邦政府这一公共政策项目当中随时可能会发生变化的部分，而这些可能发生的变化如果落实到州和地方政府的实际操作层面，可能会变成昂贵的财政代价，州和地方政府或者需要重新调整资金分配方案或者需要补足缺口部分，在过程中伴随着实质性的隐性无资助命令。

从全球不同国家对联邦制的实践看，大多数国家的联邦政府实际上都拥有比印象中可以更多行使的权力。且不论如印度、南非和马来西亚等受到历史影响而赋予联邦政府至高无上地位的国家，美国和澳大利亚这样的国家虽然一开始对联邦政府进行了“和平、有序和好政府”的约束，但是后来也由于战争原因在实践和宪法解释框架下对这种约束进行了逐步放开，此外美国在此过程中还受到了反恐、种族问题、债务管理等因素的影响，俄罗斯则是由于抵御入侵而放开，巴西是由于管理全国资源、保护环境、债务等原因而逐步放开。除了加拿大以外，全球较典型的联邦制国家实际上都存在联邦政府行使的权力超出法律甚至是宪法规定范畴的现象，联邦政府的权力范畴比印象中的要更加广泛。在这种情况下，无资助命令会因为联邦政府行使管制等权力而频繁出现，也就是上文所提到的显性无资助命令，而通过行使权力设定有条件的拨款等，也会导致州政府和地方政府财政紧张等难题，也就是上文所提到的隐性无资助命令。

与此同时，特别值得注意的是，导致无资助命令产生较为严重结果的还不仅仅是联邦政府往往拥有广泛权力这一个层面。实际上，还有一个特别重要的原因，那就是在联邦政府的广泛权力下，权力受到严格约束的州和地方政府需要严格履行更为广泛的公共服务职责。虽然全球现行财政联邦制下的无资助命令都受到这两个维度的影响，但是程度却是不同的。这主要是因为各国财政联邦制都有自己的特点，各级政府在整个体制中发挥的作用也不尽相同。以州政府这个作为中间层级的政府来说，从权力配置上来看，在加拿大和瑞士，它发挥着很强的全局作用，在美国、澳大利亚和巴西，它的作用属于次强，而在西班牙、俄罗斯、印度、马来西亚等国家，它的作用则很弱，尤其在南非，它的作用非常弱。但是无论州政府在体制内的全局作用怎样，大多数国家的州政府（中间层级政府）都在公共服务提供方面承担着非常强的职责（马来西亚和南非可能是特例，这两个国家连公共服务都是联邦政府集权的）。在某一领域必定是联邦政府和州政府共担职责的，而在这样的体制下，权力往往倾向于向上集中，职责则往往倾向于向下集中，从而造成联邦政府和州政府之间的冲突。对于这个问题，各国也有不同的解决方案，比如加拿大省政府是通过与联邦政府的协议来解决的，德国是通过颁布《联邦制改革法案》来解决联邦政府和州政府之间的权力重叠，瑞士则是通过制定政府间协议和契约来解决上下级政府之间模糊不清的权责问题。但是在美国、俄罗斯和南非等国家，无资助命令直到现在也是一个中间层级政府所特别关注的问题。

由此观之，无资助命令实际上是一种行使权力过程中而产生的存在。如果追问是谁的权力？答案应该是联邦政府的权力。再追问这种权力是否受到约束？答案应该是受到法律的约束，但是现阶段这种约束非常有限，可以说有大多数是并不受约束的。在解决得好的国家，这种权力受到契约的约束；在绝大多数国家，这一问题并没有得到良好解决。接下来再追问无资助命令为何受到如此重视？答案就呼之欲出了。客观而言，联邦政府的权力除了受到国体政体的约束，最大的硬约束来自两个方面，一方面是这样做是否在法律规定的框架内，另一方面是这样做是否在财政可达到的范畴内，一个决定着是否能做，另一个则决定着是否能做成。然而无资助命令由于跨越了财政约束，而法律约束又非常有限，那么势必会导致一些问题。基于此，答案应该是这种命令的存在和行使与联邦的理念是相悖的，却又是联邦制框架下势必存在的。换言之，无资助命令产生于财政联邦制，但是同时又对财政联邦制产生冲击。如此，它如何存在，就是一个特别有价值的问题了。

美国学界对无资助命令的研究述评

20 世纪 60 年代以来，美国学者就已经开始了对联邦体制的研究，其中也包含了对财政联邦制度的研究。在 1981 年出台的《国家和地方政府成本估算法》的要求下，国会预算办公室公示了对 7000 余项与联邦政府命令相关的政府间连带花费进行的估算，这是近代美国对无资助命令正式研究的开端。随着社会发展，公民对联邦政府腐败的关注度逐渐提升，为了执行中央政府强制命令，州和地方政府无财力承担而不负责任的行为也日趋明显。1993 年 10 月全国无资助命令日、1994 年无资助命令周以及“让泛滥的命令止步”集会运动将这种思潮推向高峰。1995 年，美国国会出台了《无资助命令改革法》(Unfunded Mandate Reform Act，UMRA)，标志着无资助命令在政策学和财政学领域的研究有了初步阶段的成果。在美国，无资助命令是这样一项法律或者说条例，它要求州政府或地方政府履行相关命令行为，但是联邦政府却不为这种命令给予必要的财政资金支持。除了州和地方政府以外，公众个人或者公众组织也可能被要求履行这样的公共命令（Public Mandates)。

一些政策研究者提出，城市预算中很大比例是由联邦政府直接决定的，而不是由地方政府决定的。他们坚持认为无资助命令加重了地方财政压力，使得地方政府无财力实施更加有效的举措，也无力减轻居民的税收。无资助命令有一种特殊的效力，它剥夺了本来隶属于地方政府的支配权。毫无悬念，无资助命令在政治倾斜研究领域是一个热点话题。很多人认为联邦政府要求强制执行的法律应该由联邦资金进行资助。这些研究者认为无资助命令导致下级政府在法律条款中遭受不平等待遇，同时也为州和地方政府带来了庞大、难以负荷的资金支出。

另一些政策研究者则对此有着不同的观点。他们坚持认为与地方政府原来渴望被允许的范围相比，他们享有了更多对资金的支配权。例如，一部联邦政府法律的强制实施可能会要求州政府支付一定比例的花费，但是实际上地方政府在选择提供服务的方法和程度上有很大的选择余地。如果地方政府选择最奢华的服务，那么相应地也要付出很高昂的费用。由此得出的结论是，支付高昂费用并非源自无资助指令，而是源于该州政府对公共服务的支出选择。许多政策研究者不同意对无资助指令进行限制的原因是这种做法会使一个国家的粘合力下降。他们认为地方政府应该为法律事实支付部分甚至全部的费用。除此之外，也有一些研究者虽然支持这种做法，但是却不同意无资助命令导致地方政府财政问题的言论。

综合地从美国现阶段的研究成果看来，无资助命令被用来指一种法律法规，这种法律法规要求州和地方政府实施特定行为，但是却不会对为满足要求所需花费进行任何资助。当联邦政府对某项法律法规强制实施却又不进行必要资助，这种行为必然导致州和地方政府为实施该法律而大笔支出。实质上，最终为该法律埋单的是当地纳税者。1995 年 3 月 15 日，美国颁布的《无资助命令改革法》

规定防止美国国会在没有适当资助的前提下向地方政府强制命令增加地方政府开销，该法案还规定对任何一项要求州政府、法院以及地方政府预计超过 5 千万美元的花费都要进行必要的预算分析，审慎行事，国会财政预算办公室必须公布此项预算分析结果。对私营企业预计要求 1 亿美元以上花费的法案也要进行同种类预算分析。

如果该项命令花费预计需要政府少量开支或需要私营企业开支低于 1 亿美元以下，则要求众议院和参议院委员会公开资金来源并补偿此项开销。如果委员会不能够提供资金来源有效信息，则该项命令被取消。然而，多数投票可以保留该法案正常进行，即使会导致某项昂贵的无资助命令的产生。此外《无资助命令改革法》还规定任何预计产生无资助命令的法律法规都要与州、地方政府及法院进行协商。为达到此项目标必须进行资产评估。如果不通过资产评估，那么该项特殊法律法规必须进行司法审查。

关于无资助命令的思考和研究仍在继续。一些政策研究者认为无资助命令改革法对于控制联邦政府对地方政府的强制花费有积极作用。但也有学者坚持认为深入改革势在必行。

无资助命令联通国家治理、关乎资源配置

为什么一个看起来这样不起眼的概念，甚至在国内学界很少着墨的概念，会有这样大的影响力呢？我想，这恰恰是因为无资助命令所具备的交叉特性。透过表象继续深入，裸露出来的实际上是无

资助命令这一概念联通国家治理、关乎资源配置的特性，而这也可以认定为无资助命令这一概念的本质层面。

我国国家治理现在已经有一套相对完备的体系，其“现代化”逻辑脉络清晰可考：[2]第一层面是现代国家治理，强调国家治理体系和治理能力的现代化；第二层是现代市场体系，强调市场在资源配置中发挥“决定性”作用；第三层是现代财政制度，强调财政是国家治理的基础、重要支柱与全面改革的支撑。这一逻辑当中拥有丰富的内涵：首先，市场和政府都是资源配置的手段。在市场经济下，市场应当发挥资源配置的“决定性”作用，但是政府同时也是不可忽略的资源配置的手段。其次，政府在进行资源配置的过程中，财政是最为重要的手段。再次，财政体制一方面是市场机制的保障，另一方面是政治体制和行政体制的保障。在政府和市场之间，财政就是一个最重要的连结点。因此，财政一方面联通着市场机制，是政府参与资源配置的主要手段，另一方面联通着国家治理，是政府治国理政的基础和重要保证。

虽然我国是中央集权制国家，而非联邦制国家，但是我国的财政体制实践中却在很大程度上带有财政联邦制的特点。这种情形实际上早被对中国感兴趣的学者发现、提及和研究过，比如著名的未来学家约翰·奈斯比特就曾将这种特点以“中国式民主”冠称加以阐述过，并对此颇为赞赏。而正是因为如此，在我国的行政和财政

---

[2] 贾康、苏京春，供给侧改革：新供给简明读本，中信出版社，2016。

机制运行当中，无资助命令才自然而然地成为一个非常突出和典型的现象。与财政联邦制下的无资助命令相似，我国现存的无资助命令也颇具共性与个性，一方面联通着政府参与资源配置的财政层面，另一方面联通着政府治理体系和治理能力，再加上对中等收入发展阶段下修昔底德陷阱、塔西佗陷阱、增长陷阱等的相关认识，我想，无资助命令在现阶段尤其值得重视和深入研究了。

这其中，一个特别值得重视的基本判定，就是无资助命令的中性特质。我窃以为，这里面应当至少包括两个层次：其一，就是无资助命令本身是一个客观存在，是在行政体制和财政体制交叉运行的过程中不可逾越的存在，从现阶段全球实践来看，亦可以说是一个普遍的客观存在，所以其本身并不可分为“好”与“坏”，应视为一个中性概念。其二，就是无资助命令是要在法律和协议等约束下实施和运行的，框架内的无资助命令，比如瑞士现行体制机制下进行处理过后的无资助命令，可以认定为良性的无资助命令，应当允许其在框架内良性运转；而超越法律之外的无资助命令，变相出现的无资助命令，过度行使的无资助命令，不受约束的无资助命令，乱象丛生的无资助命令，则应当认定为劣性的无资助命令，应当下决心加以纠正。

值得思考的是，无资助命令在全球财政联邦制的实践当中多是以法律的形式落实的，所以它是一个与权力、职责、行政、财政、公共决策、财政政策、制度和法治都息息相关的思考点。如果将这样的思考放入经济发展的进程中，难免涉及速度和程序正义之间的选择问题。一艘巨轮在大海中航行，如果能在极短时间内决定扬帆，那么它就能最快地借到顺风之力，从而实现高速前进，但这样的决策过程体现的是领导力，却忽略了程序正义，如果一旦决策有误，巨轮的航向也有可能会出现问题，甚至如果对风力判断出现失误，巨轮也有倾斜甚至出现颠覆性危险，尤其是在巨轮驶入情势复杂的区域之后，注重程序正义看起来会影响一时的航行速度，但却可能是能够在很大程度上提升巨轮在更复杂阶段航行效率的“磨刀不误砍柴工”的正确举措。

第　二　章

PART 2

无资助命令的适用性、必要性、演变与边界思考

英国之所以比埃及富，是因为 1688 年，英格兰发生了转变政治进而转变经济的革命。人民为政治权力而战，并且赢得了更多的政治权力，他们运用这些政治权力扩展了他们的经济机会。结果就是完全不同的政治和经济轨迹，并最终发生了产业革命。

……

奥斯曼帝国在埃及的统治于 1798 年被拿破仑·波拿马推翻，但是在英国殖民主体的统治下，这个国家逐渐衰败了，英国殖民者跟奥斯曼帝国一样，对推动埃及的繁荣都没有兴趣。尽管埃及人推翻了奥斯曼帝国和英国的殖民者，并且在 1952 年废除了君主制度，然而这些都不像英国 1688 年的革命，远没有从根本上转变为英国的那种政治制度，权力落在了另一些精英手中，而这些人对推动埃及普通民众的繁荣跟奥斯曼帝国和英国一样不感兴趣。结果，社会的基本结构没有变化，埃及依然贫困。

——德隆·阿西莫格鲁

作为一个青年研究人员，我无疑是非常幸运的，能够得机会时常与学界长辈请教探讨。他们总是以各种方式提示我，应当时时刻刻警惕和反思自己究竟是不是抓住了真问题的所在，这一点在开始某一项研究的时候尤为重要，不宜加速，不宜脑热，不宜盲从，而宜静思。对于无资助命令这项研究，我觉得特别有必要在接下来的这一章节中阐述其适用的必要性、适用的制度、适用的体制以及其自身的边界。确定这四个方面的思考其实也有一点由来。其一，源自我与硕士研究生导师姜福洋先生的探讨。在结束硕士学业七年之后，我在年下去拜访姜老师，他听说我仍然没有停止对无资助命令的思考，深感欣慰，而提及具体研究路径的时候，他向我强调了无资助命令是作为一个财政联邦制下的概念普遍为学界所接受的，但他多年在英美国家生活学习时对中国的思考提醒他，无资助命令在我国并非不存在，反而是有过之而无不及，可是在国内看起来颇有些“新意”的概念，如何让人接受，首先需要确定其对我国的经济发展有必要，并且要进一步说明这样的外来概念与我国现行的制度、体制具有内洽性，这样才有了得以研究的意义、基础和空间。其二，对无资助命令边界的思考，源自博士研究生导师贾康先生在治学方面对我的点拨。在跟随贾老师进行供给侧结构性改革、政府和社会资本合作（PPP）等带有创新特色的研究过程中，他都曾反复提及和思考过边界的问题。对边界的相关思考显然并不是为了设定一个硬性的界限，而只是为了让这个概念通过相对更加理性的思考和思辨更加明晰。这种研究思路构成本书对无资助命令这个概念的边界问题进行思考和研究的基础。

无资助命令是否只在财政联邦制下才适用

如上一章所述，无资助命令这个概念，从字面上来说是指在现行国家治理运行过程中所出现的那些没有财力支持且需完成的命令（或者说指令），其作为全球财政联邦制实践下的一个概念，则指那些法规或规章明确做出的让州政府和地方政府履行某种特定行为、但却不为这些要求提供任何财政支持的要求。无资助命令产生的原因是财政联邦制下联邦政府与州和地方政府在提供公共品方面的职责分配不清晰，因此导致权力、财力的不匹配。无资助命令在财政联邦制下的表现类型主要有两种，一种是显性无资助命令，直接以命令的形式出现，联邦政府明确要求州政府提供某种特定的公共服务，却不提供相关的财政支持，另一种是隐性无资助命令，不是以直接的命令形式出现，而是以联邦政府为财政支持设定条件的形式出现，这些条件虽然不是直接命令，但是州和地方政府也必须遵守，在实际运行中这些设定条件与命令并没有实质区别。

基于表象的考察

为了搞清楚无资助命令是否只在财政联邦制下才适用这个问题，我认为首先可以基于无资助命令在财政联邦制下的相关概念和表现，对无资助命令这个存在本身做出至少包括如下几个方面的考察：

第一，如果从无资助命令的概念出发，那么它是否只在财政联邦制中出现？

第二，如果从无资助命令的产生原因出发，那么它是否只在财政联邦制中才有产生的条件？

第三，如果从无资助命令在财政联邦制下的表现类型出发，那么它是否在其他制度下也有类似的表现？

如果以上三个方面的考察都能满足，那么应当至少能够说明，无资助命令不仅仅存在于财政联邦制，在其他制度当中也出现过，它产生的原因并非只有财政联邦制才满足，其他制度下也可以满足产生的条件，那么无资助命令也会产生，它在财政联邦制下的表现类型在其他制度下也会有类似表现，并且在其他制度下可能还会有区别于财政联邦制的其他表现。

具体可做如下分析：

首先，如上文所述，无资助命令是指在现行国家治理运行过程中所出现的那些没有财力支持且需完成的命令。这种类型的命令其实在财政体制中广泛存在，而且无论是在联邦制财政体制下，还是单一制财政体制下，势必都存在符合这样概念的命令类型。只不过，在联邦制财政体制下，这种类型的命令反而更加容易判断、定位、观测和研究，而在单一制财政体制下，这种类型的命令反而更加不容易进行相关判断和观测。然而，无论这种类型的命令是发生在联邦制财政体制下还是发生在单一制财政体制下，它对国家治理和体制机制运行会产生的作用却非常相似，尽管其中不乏那些在效果上产生积极作用的命令，但是实际上，无论这些命令是在经济运行实践当中是产生了积极的作用，还是产生了消极的作用，这些命令的存在和运行对于先行财政体制而言，都具有超越体制之外的负面作用，所以都值得我们反思和研究。因此，从第一个问题观察的视角来看，无资助命令显然不仅仅存在于财政联邦制当中，在其他财政体制当中也广泛存在。

其次，如上文所述，基于全球不同国家对联邦制的不同实践来看，无资助命令产生原因的两个重要层面主要落在权力和责任这两个关键词上面。一方面，大多数国家的联邦政府实际上都拥有比印象中可以更多行使的权力；另一方面，在联邦政府的广泛权力下，权力本来就受到严格约束的州和地方政府却需要严格履行更为广泛的公共服务职责。在单一制财政体制下，中央政府所拥有的权力与联邦制相比往往更为广泛和细致，而地方政府要严格履行广泛公共服务职责这一特点也同时具备，尽管某些单一制财政体制下，中央政府可能确实会在履行公共服务职责方面发挥比财政联邦制下的联邦政府更多的作用，但即使这样，也不改变绝大多数公共服务职责都由地方政府来履行的情况。因此，如果从无资助命令产生的原因来看，单一制财政体制似乎应当比联邦制财政体制产生无资助命令的条件更加充分。

再次，如上文所述，财政联邦制下的无资助命令有显性和隐性两种存在形式。显性无资助命令表现为直接的命令，联邦政府直接要求州和地方政府采用某种特定方式提供某种特定的公共服务，却没有财政支持。隐性无资助命令则是指那些并没有以直接命令形式出现而是以对联邦政府财政支持设定条件的形式出现的命令，这些命令也是州和地方政府所必须遵守的。在财政体制当中，如果观察上下级政府之间的关系，那么它们之间从上到下的命令总是以多种类型出现，这一点本书将在随后的论述中详细讨论，在这诸多类型当中，要求地方政府或者下级政府完成某种职责而明确表现没有财政支持的情况比比皆是，单一制财政体制运行当中，这种情况绝不比财政联邦制运行中少，甚至更多。而那些中央政府在对地方政府进行各种类型拨款的同时设定各种限制的情况则更加多见了。因此，如果从无资助命令的存在形式来看，联邦制财政体制当中无资助命令的表现在单一制财政体制运行当中也有相似的表现，甚至在表现程度上有过之而无不及。

基于本质的考察

顺延对无资助命令在财政联邦制下的思考，在对如上表象进行考察的基础上，还可以进一步对无资助命令进行本质层面的考察。在财政联邦制下，无资助命令是一种行使的权力，这种权力的主体是联邦政府。这种权力在财政联邦制下通常是受到法律的约束，但是这种约束十分有限，有一些解决得好的国家，这种权力还受到契约的约束。然而，无论在哪种类型的财政联邦制下，都有一些无资助命令跨越了财政约束、游离在法律约束之外。这些无资助命令产生于这样的制度，但是同时又对这样的制度产生冲击。这也是无资助命令在财政联邦制下备受关注的重要原因。基于此，我认为可以继续对无资助命令这个存在本身做出至少包括如下几个方面的考察：

第一，无资助命令这种类型权力的主体是否只能是联邦政府，是否只有在财政联邦制下才存在？

第二，无资助命令反映出的这种类型的上下级政府关系，是否只有在财政联邦制下才存在？

第三，无资助命令是否只会对财政联邦制产生冲击？

如果以上三个方面继续得以满足，那么就可以进一步说明，无资助命令这个概念从本质层面来看，也不仅仅是财政联邦制所特有的。

具体可做如下分析：

首先，无资助命令是一种在联邦制财政体制和单一制财政体制下都存在的现象，但是在联邦制这种政体中，更加容易引起关注的是联邦政府与地方政府之间的边界和合法性，而在单一制这种政体中，更加容易引起关注的则是中央政府与地方政府之间的融合和一致性。这种关注的惯性往往导致人们忽略在单一制财政体制下对中央政府与地方政府之间与财政联邦制运行当中同样存在的至关重要的博弈关系。如果将无资助命令视为一种具有特殊属性的权力，这种权力不仅存在于联邦制财政体制下的联邦政府，同样存在于单一制财政体制下的中央政府，这一点毋庸置疑。只是这种权力主体在单一制财政体制下由于对政体关注侧重点的掩盖往往呈现出隐性的特点，但因其如同一头一直存在且影响越来越巨大的灰犀牛，值得引起重视。

其次，无资助命令反映出的这种类型的上下级政府关系，其实质上反映出上下级政府之间的博弈关系，这种博弈关系不仅在财政联邦制下存在，在单一制财政体制当中也是必然存在的。而且在单一制财政体制当中，中央政府可行使的权力范畴都相对财政联邦制下联邦政府可行使的权力范畴更加广泛，并且与单一制政体下国家治理的法治化程度成反比。法治化程度越高，这种权力范畴就相对越窄；法治化程度越低，这种权力范畴就相对越宽泛。

再次，在以上分析的基础上，接下来特别值得思考的一个问题就是无资助命令是否只会对财政联邦制产生冲击。无资助命令作为一种权力，联邦政府能够通过这种权力对地方政府形成权力层面上的无形管制和制约，并且直接影响地方政府财政体制机制的运行。在单一制财政体制下，无资助命令当然也会对财政体制产生冲击，但是这种冲击可能与财政联邦制下无资助命令对体制产生的冲击关注点有所不同。一方面，部分单一制政体下，财政体制也是实质上的单一制，无资助命令的存在势必会对体制机制造成冲击。另一方面，部分单一制政体下，财政体制可能不是实质上的单一制，而是实质上的联邦制，无资助命令的存在会同时产生两个方面的冲击，其一表现在对实质上的财政联邦制的冲击，其二表现在对名义上的单一制体制的冲击。

基本结论与反思

基于以上分析，我们可以得出以下几个重要结论：

第一，从无资助命令的概念出发，它不仅存在于联邦制财政体制下，而且同样存在于单一制财政体制运行当中。

第二，如果从无资助命令的产生原因出发，它不仅仅是在财政联邦制中才有产生的条件，在单一制财政体制下产生条件甚至更加充分。

第三，如果从无资助命令在财政联邦制下的表现类型出发，它在单一制财政体制下也有类似的表现，甚至某些方面的表现更为突出。

第四，无资助命令这种类型权力的主体绝不只能是联邦政府，也不只有在财政联邦制下才存在，而是在单一制财政体制下中央政府也广泛拥有的一种权力。

第五，无资助命令反映出的这种类型的上下级政府关系，也不是只有在财政联邦制下才存在，而是在单一制联邦体制下中央政府与地方政府之间也广泛存在的一种关系。

第六，无资助命令的存在不仅仅会对财政联邦制产生冲击，而且会对单一制财政体制产生冲击，而且这种冲击的表现可能会比在财政联邦制条件下的表现更加多样化。

无资助命令为什么值得中国关注

尽管从体制上来看，中国并不属于财政联邦制，可在现行体制下客观观察，中国还是存在非常普遍的、突出的无资助命令。

现象之一：上级政府的决策灵活性与下级政府的执行灵活性

上级政府应该面临不同的情况有不同的应对，保持一定的灵活性是必要的。但是这不是我们中国政府的主要问题。财政活动要预算化，预算化的思维就是要好好总结历史的经验，要求每个政府工作人员在报告预算之时都要提出具体预算，真正最后有灵活的地方就只有预算调整资金，如总理预备费等。预算化本身损失了一定的灵活性，但是两害相权取其轻，如果没有了预算的约束性，那么带来的危害将严重得多。如果没有预算，那么不能先用了再报销。如果是特别重要的，那么应当是人大先决策了才能够使用这些钱。如果紧急的话，可以修正预算，调整预算，追加预算。支出要具有刚性。

在决策中，从上级政府到下级政府，其规定性和灵活性都是存在的，决策的规定性有助于决策的实施，在一定程度上保障决策效果的实现，而决策的灵活性有助于执行政府更好地实施决策，因地制宜。作为决策的两个方面，规定性和灵活性各有优劣，规定性过于死板会导致决策少了具体问题具体分析的余地，而灵活性过于宽泛会导致决策的执行和效果难以保障。可见，上级政府决策的规定性和灵活性是密切联系、相互制约的，在一个适当的配比下，才能将决策的效果最大限度地彰显出来。

无资助命令的存在，使得无约束、无资助、无保障的决策数量增多，过度扩张政府对决策的灵活性，这种灵活性对决策的出台和实施具有负面影响，主要表现在上级政府决策出台的灵活性和下级政府决策执行的灵活性。

第一，上级政府的决策灵活性。无资助命令会扩张上级政府决策的灵活性，原因是无资助命令出台伊始并没有考虑到命令日后会如何执行以及执行过程中需要哪些财力资助，使得其只有有限的几个关于文本出台的环节，很自然地缩短了命令出台的时间、简略了命令出台时考虑的各方面因素，这一结果并不完全是消极的，实际上其具有两面性。一方面，对于时间紧迫、危机程度高的问题而言，首先需要上级政府决策的灵活性来保证灵活应对、随机应变，其次需要在短时间内拿出应急预案，避免事态进一步恶化，在此种情况下，上级政府决策灵活性的优势彰显，在这些领域，往往需要一定的无资助命令来辅以实施。另一方面，对于大多数正常的事务来说，上级政府决策如果过于灵活将会导致决策数量泛滥、决策效果总是达不到、决策预期效果无限制提高。这些后果是有一定内在逻辑关联的，首先，无资助命令的简便、快捷会缩短上级政府对事务的处理时间和决策时间，在同样的时期内，上级政府的意愿将会更多地被付诸实践，即表现为决策数量过多乃至泛滥；其次，决策数量的泛滥加之无资助命令的存在，导致下级政府财政压力过大、事务过多，无力也无时间完成全部上级政府的全部决策，从而表现为上级政府的决策效果总是难以落实；再次，决策总是难以达到预期效果的表现往往是执行了预期效果的一定百分比，于是上级政府便会将新一轮决策预期效果调高再调高，以期待用此种办法起到强化作用，达到更好的效果，但是这种办法其实并没有解决问题的实质，因此随时间和周期，上级政府的决策预期效果将会无限制提高，但面临的结果将一直是无法达到最优标准。由此可以看出，无资助命令为上级政府带来的决策灵活性在一般情况和大多数事务面前是带有消极作用的，应当予以纠正。

第二，下级政府的执行灵活性。除了扩张上级政府决策的灵活性以外，无资助命令还扩张了下级政府执行的灵活性。一方面，下级政府执行灵活性的优势表现在为下级政府根据具体情况和具体问题权变留出了空间，以更好地落实决策，保障决策效果的实现；另一方面，下级政府执行灵活性的劣势表现在如果灵活程度过大，那么下级政府缺乏应有的约束，偏离原决策效果的导向，将导致下级政府选择性执行或不执行上级决策，由此可见在这个方面，对于下级政府执行的灵活性程度是有要求的，即不能范围过大，保证灵活不是放任，才能够达到预期效果。无资助命令的存在扩张了下级政府执行灵活性的负面影响，原因是：一方面，没有相应的财力保障，下级政府不得已拆东墙补西墙导致选择性执行或不执行，而在无资助命令的作用下，这种选择性执行或不执行有了一定的合理性；另一方面，无资助命令对上级政府决策灵活性的扩张直接导致了上级政府多数量、低质量的决策对下级政府的影响，导致下级政府执行灵活性范围不得以不断扩大，致使更多的决策命令被选择性执行或不执行，降低了政策体制运行效率、影响了财政体制结构、严重损害了政府形象、导致部分领域乱收费问题。

现象之二：决策体制与财政体制中约束机制的缺失

无资助命令的产生和蔓延与决策体制及财政体制中约束机制的缺失有着密不可分的关系，决策体制中约束机制的缺失导致决策中财源匹配部分的忽略，财政体制中约束机制的缺失导致短缺财力难以被发觉、挪用款项难以被查处，共同导致了无资助命令的产生和蔓延，同时，无资助命令的产生和蔓延加速了因决策体制与财政体制中约束机制的缺失所造成的损失程度和范围，久而久之形成惯性行为，造成负方向强化。

第一，决策体制中约束机制的缺失。政策决策体制按照逻辑顺序自上而下是一个完整的体系，并且为了保证政策的动态平衡和与现实的紧密结合，特设立了约束机制，来监督反馈保障决策体制的良好运转。在现实的决策体制中，约束机制并不完善，甚至在某些具体领域的决策体制中缺失，这就导致在决策出台和实施过程中没有相关约束来监督反馈以保障决策体制的良好运转。这也是无资助命令产生的一个重要原因，没有约束机制的存在，决策体制在决策制定过程中没有考虑与决策匹配的财源相关问题的环节，导致无资助命令的产生；而后在决策实施过程中即使暴露出由于财力问题导致的决策目标难以实现，也无法检测到和反馈到决策体制和核心部门，导致无资助命令的蔓延。

第二，财政体制中约束机制的缺失。财政体制中一般是量入为出，在宏观经济模型的作用下，以总需求和总供给达到平衡为衡量条件来决定财政收入和财政支出的额度。财政体制中严格的约束机制和绩效评价系统尚未完全建立，这就导致了无资助命令产生和下移的过程中对财政体制的影响难以为财政体制发觉，使财政体制自身难以发现无资助命令对下级政府酿成的财力短缺、挪用款项等不合理现象。在公共财政体制框架建立以来，在民生财政的导向下，我国财政相关部分已经致力于绩效评价系统和约束机制的建立和健全，这对于无资助命令的纠正和完善无疑产生巨大的积极作用。

第三，无资助命令对约束机制缺失的副作用。除了决策体制和财政体制中约束机制的缺失对无资助命令的产生和蔓延产生的影响之外，无资助命令的产生和蔓延也会反过来作用于决策体制和财政体制，对其产生负面影响。无资助命令的产生和下移进一步加剧了财权在上一级政府集中而事权在下一级政府集中的现象，地方财政雪上加霜，政策实施难上加难。这样的情况使决策体制和财政体制的稳定性下降，扩大了因约束机制缺失所造成的损失程度和范围。随着时间的推移，一轮又一轮决策的不断更迭和附加，财政体制中财权和事权的不断分化和极化，无资助命令会对下级政府的行为造成负方向强化，并形成惯性行为，导致恶性循环。

总之，由于我国决策体制与财政体制中缺乏自上而下的约束机制，决策体制与财政体制的激励机制与约束机制不匹配，上级政府与下级政府的事权与财权不匹配，致使无资助命令产生和蔓延，加之无资助命令对两种体制的反作用，使得这种恶性循环加剧。因此，要想从根本上变无资助命令为有资助命令，建立和健全两种体制中的约束机制是必不可少的。

现象之三：中央政府无资助命令对地方政府的体制性影响

中央政府无资助命令对地方政府的影响不仅仅表现在微观的各个领域，而且还会对地方政府产生体制性影响，表现在地方政府对中央政府决策方式的效仿以及地方政府对中央政府决策的惯性对策。

地方政府对中央政府决策方式的效仿是显而易见的，从中央政府到地方政府，从上级政府到下级政府，都拥有着相似的部门和职能结构，只是处在不同的层级，地方政府处理问题的风格和方式也与中央政府相似。面对上级政府的无资助命令，下级政府也会将这种命令以同样的方式向再下一级政府下达，直到最后到达基层政府。在这个过程中，每个相对的上级政府都完成了对财权进行保留而对事权进行下放，导致每一级政府都如同一张过滤财源的网，致使上下级政府间决策体制雷同而财政体制不稳定。

地方政府对中央政府的决策的惯性对策是无资助命令导致的必然后果，在地方政府对中央政府决策方式的效仿这一行为的作用下，这种结果集中表现在最基层政府，对于本来财源极少、财力极弱的最基层政府而言，多重无资助命令共同作用的结果只能是选择性执行或不执行，应付考核的执行、草草了事的执行、面子工程、对决策的无视、使决策变为一纸空文等等常见的现象都是选择性执行或不执行的集中体现。这种行为会形成一种惯性，从而演变为体制性问题，即上级政府调高政策结果预期程度而下级政府调整对策增强执行中的灵活程度，总的结果是导致政策执行的实际结果与预期结果相去甚远。

无资助命令可能有哪些演变

无资助命令随着体制发生变化，随着经济体发展阶段的变化，随着国家治理环境的变化，随着公共政策制度的变化，可能会产生一些演变。简要总结一下，无资助命令可能产生的演变可从如下几个方面进行观察。

第一，无资助命令随着体制发生变化可能产生的演变。如上所述，无资助命令不仅在联邦制财政体制下存在，而且在单一制财政体制下广泛存在。在单一制财政体制下，无资助命令可能表现出相对更加隐形的特点，不像在财政联邦制下那样属于显性的存在、处于可明确公开探讨的范畴、处于可讨价还价的状态，而是处于一种更加隐蔽的存在，一般情况下不能拿到桌面上进行公开探讨，尤其是在中央政府与地方政府之间，并且可能处于可讨价还价的状态，但是不是明确的能够进行全面的讨价还价，只是存在这样一个趋势和空间。

第二，无资助命令随着经济体发展阶段变化可能产生的演变。随着经济体发展阶段的变化，无资助命令的具体表现会有很大的不同。一方面，经济体发展过程中，许多经济体无论是在财政联邦制下，还是在单一制财政体制下，都承担一定程度上的推动经济增长和经济发展的职责，这种职责不仅仅表现为提供公共服务方面，而且还表现在与经济发展或生态制约等方面。许多无资助命令也不像在诸多发达国家财政联邦制下的结果那样具有确定性，相反地，这些政策可能带来许多令人意想不到的结果，这些结果虽然有正面影响，也有负面影响，但是以负面影响为多，而这些以负面影响为主的无资助命令究竟由哪方来承担责任，也是特别值得思考的线索。

第三，无资助命令随着国家治理环境变化可能产生的演变。无资助命令作为一种上级政府与下级政府之间关系中产生的权力范畴，其产生影响的大与小，其存在形态的种类，其辐射范围的大与小，均与国家治理的环境直接相关。在具有包容性制度的国家治理环境下，无资助命令可能拥有更多可以翻明的途径，能够相对更顺利地找到解决的出口，而在具有攫取性制度的国家治理环境下，无资助命令可能会从隐性走向更深入的领域，对体制机制的冲击从表层转入深层，无资助命令很难找到解决的出口，久而久之还有可能形成体制毒瘤。此外，在国家治理高度法治化的环境下，无资助命令更加可控、可发挥作用的空间更加狭窄、辨识度更高也更典型，处理和应对起来相对更加容易，而在国家治理远离法治化的环境下，无资助命令更加趋于失控、具有随时随地可能发生、随时随地可能演变、随时随地可能消失并且都会在很大程度上造成负面影响的特点，这样的无资助命令的预判、处理和应对都更加困难，还容易形成错综复杂、层层叠加的特点，颇具恶性的特征。

第四，无资助命令随着公共政策制度的变化可能产生的演变。在公共政策制度相对更加成熟的运行框架下，无资助命令能够得到更好的启动监控、传导检测、事前评价、事后评估、全流程监管，其程序正义方面能够很大程度上得到保障，其在启动和运行过程中，能够在很大程度上得到控制，相关的主体、相应的影响、辐射的范畴、影响的程度，均能够在很大程度得到掌控，在这样的框架下，对无资助命令的关注和研究可以更多落在具体的每项无资助命令（无论是显性还是隐性）本身上来。而在公共政策制度的运行框架相对不够成熟的情况下，无资助命令的发生和结果之间在很大程度上不能实现符合逻辑关联的预测，全流程监管不能实现的话，相关的主体不够明确，相应的影响指向的方向也不明确，辐射的范畴可大可小，影响的程度可高可低，基本无法得以掌控，如果一旦产生好的效果，还比较理想，如果一旦产生较大的问题，那么最积极的应对也只能是亡羊补牢，甚至有可能造成覆水难收的局面。

关于无资助命令的边界

如果只简单从无资助命令概念层面的两个最主要的元素来看，似乎只要是没有财政资助或者缺乏财政资助，再加上具有命令的特点，就都构成无资助命令，放眼望去似乎无边无垠，这种判断对于无资助命令这个概念而言并不是理性的。

无资助命令的实质是一种权力，这种权力的主体是上级政府，在财政联邦制下表现为联邦政府，在单一制财政体制下表现为中央政府，这种权力的实施对象是下级政府，在财政联邦制下表现为州和地方政府，在单一制财政体制下表现为地方政府，在社会主义国家当中，这种实施对象也可以表现为具有国家性质的机构和单位，比如：国家团体、国有企业、事业单位，等等。如果某一种命令本身就是下级政府出台的并由下级政府自行执行，本身是由上级政府出台的并由上级政府自行执行，或者是由无直接上下级关系的政府之间出现的偶然相互影响，等等，均不宜纳入无资助命令的范畴。这其中当然还有很多不同具体类型的无资助命令可供我们在以我国为例的研究范围内细致探讨。

无资助命令下，无资助产生的源头都是主动层面的，无论是明确规定不给予财政资助，或者是在下达命令的时候没有主动提及财政资助，我们也可以认为是明确不给予财政资助表现的一种，还是对某种命令的执行附加给予财政资助的条件，或者是在下达有财政资助命令的时候同时规定了在财政资金承受范围之外的职责，我们也可以认为是对某种命令的执行附加条件的一种，具有类似特征的命令，都不是被动产生的，而是无资助命令的主体——上级政府——财政联邦制下的联邦政府、单一制财政体制下的中央政府——主动作为产生的。也就是说，上级政府对下级政府的命令传导过程中，那些无意中产生的、因体制机制扭曲产生的、因某一事项偶然产生的、因某种因素突发产生的不是主动作为产生的也具有缺乏资助、资助不足或者资助滞后特性的命令，不宜纳入无资助命令研究体系的范畴。

第 三 章

PART 3

无资助命令基本概论：公共政策决策机制与财政体制的重要联结

政治决策是一个错综复杂的过程，比市场制度中的非政治决策要复杂得多。在两种场合中限制个人选择的规则必然不同。而且，由于这些规则和基本目标的性质，私人成本和效益之间的简单对应关系这种市场选择的基本特征，在政治学中并不存在。不过，在某一最终阶段或层次上，个人必须以某种方式“选定”如何集体地和个人的使用其资源。总之，个人必须“决定”政府财政预算的适度规模，以及财政预算组成项目。尽管单个公民的物质是众所公认的，但他最终仍必须选择公共教育的支出规模以及老兵医院的数目。

——詹姆斯·M. 布坎南

市场资源是靠市场机制来进行配置的，而政府对资源有再分配的作用。一条路径是通过权力，另一条路径是通过财力，权力与财力在匹配的基础上，能够达到政策目标，但是政策本身是积极还是消极，决定于这项政策出台的水平，而这项政策本身是否实现了权力与财力的匹配，则决定着这项政策是否能够达成目标。在达成目标的情况下，政府对市场资源的再分配是可预见的，否则，就是不可预见的。原因是政策出台的目标与最终落实有可能石沉大海，或者南辕北辙。

决策体制与财政体制的关系

围绕决策权力，各种政策行为者以不同方式持续不断地互动，从而形成了关于决策权力分配和配置的制度，关于决策活动的程序、规则与方式，即公共决策体制。

政策决策过程从本质上说就是政治过程，政治过程必然涉及决策权力。权力是决策的基础，决策是权力的体现。决策权力通常可以理解为在决策过程中根据自己的目的，将个人意志施加于他人意志之上，通过各种途径影响他人的行为能力。在政策主体系统中，决策权力的基础既来自正式的职务权力、法定权力，也来自非正式的人格权威、技术权力，而更多的则是二者的结合。为使决策权力更加有效，就需要按照一定的标准对其进行配置，例如根据最高决策权力配置的主体，可以区分为首长制与委员会制；根据决策权使用的特点，可以区分为集权制与分权制等。在政策决策的程序中，也存在着流行的规则，例如联合国安理会常任理事国对联合国出台的政策具有一票否决权，被称为一票否决规则；在各国选举中经常被使用的多数规则等。

政策决策过程是政治过程，由政治体制决定。从广义角度来讲，财政体制是公共政策决策体制的组成部分。原因是从严格意义上来说，财政也是一种公共政策，是政府行为，这种政府行为的实现是通过公共政策的制定和实施来完成的，与财政相关的各项政策的出台和落实，都必须符合公共政策体制的各项要求。

从狭义角度来讲，财政体制与公共政策决策体制是互相支持、和谐共生的机制。原因是在现实的体制运行中，财政体制已经发展得比较完善，有自己的运行套路和运作机制，与财政体制相关的系统都是相对独立的，财政体制的运行有自己独特的规则和标准，有自己独特的手段和机制，但与此同时，财政体制与公共政策体制关系又非常紧密，一方面，财政体制的运行是公共政策决策体制运转的良好保障，财政体制的运行解决了公共政策决策体制中产生的行政管理成本、政策执行成本等问题；另一方面，财政体制的运行是以公共政策体制运转为基础，财政体制的运行不是特立独行的，而是与公共政策决策体制密切相关的，它需要的政策保障、法律保障、行政权力的给予等支持，要靠出台公共政策来落实，即要以公共政策决策体制为基础。

财政体制与公共政策决策体制还是互相制约的。一方面，财政体制受到公共政策决策体制的规范。公共政策决策体制是政治过程，体现政治意愿，财政体制受政治体制的约束以及政治意愿的规范，公共政策决策体制能够表达政治意愿，规范和约束财政体制朝向政治意愿强的方向发展，更好地为政治服务。另一方面，公共政策决策体制受到财政体制的制约。公共政策决策体制的运行是程序性的，在整个运行过程中，要产生如决策成本、行政管理等各项管理成本、调研费用成本、政策执行成本、体制改革成本等多项成本，这些成本都需要财政体制的支持，受到财政体制的制约。财政体制本质上是由一国的经济实力决定的，在财力薄弱的情况下，公共政策决策体制的构建、决策的内容、决策的执行等方面都将受到很大程度上的制约；同时，即使在财力雄厚的情况下，为了保证公共政策出台的效率性和可行性，财政体制与公共政策决策体制和机制的建立对于约束公共政策的数量、提高公共政策的质量、加强公共政策的可行性也起着至关重要的作用。

事权的分割是带有一定政治性的，不是完全基于经济合理性来进行的职责划分，而是根据政治传统来进行的。财政体系在这里扮演一个约束的角色，通过财政体系来揭示某些决策可能是错误的。

无资助命令的产生缘由

根据本节第一部分的论述可以分析得到无资助命令的产生缘由主要有两个方面，一个方面来自政治方面，这由公共政策决策体制决定；另一个方面来自体制方面，这由公共政策决策体制与财政体制的关系决定。

第一，政治方面原因。从公共政策决策体制来看，公共政策决策的影响因素表现在决策权力、决策权力的配置、决策的规则以及决策体制等几个方面，公共政策决策过程其实就是政治过程，无资助命令是公共政策的一种，它的出台与一般公共政策一样，都是政治意愿的体现。公共政策决策体制中，决策权力一般都掌握在上级政府的手中，所以公共政策一般来讲都是上级政府政治意愿的体现。由于政治意愿是领导者思想意识形态的表现，它往往停留在意识层面，它的产生没有也不必考虑诸多的约束条件，但是作为反映政治意愿的公共政策往往不仅仅停留在理论层面，而会深入实践中去，这样就必须要考虑多方面的制约因素，例如财力方面的制约因素等。无资助命令着力表现的就是这样一类公共政策，它们反映了上级政府的政治意愿，但是并没有对此意识形态转化为现实做过多的分析，即在政治意愿转变为公共政策过程中，没有对公共政策的约束条件进行分析和调研，公共政策的可行性没有保障，公共政策的执行过程中所面临的财力问题即无资助的问题是公共政策可行性没有保障诸多问题的突出表现。

第二，体制方面原因。除了政治方面的原因外，公共政策决策体制与财政体制之间的关系也是产生无资助命令的一个重要原因。公共政策决策体制与财政体制是相互促进的，也是相互制约的。两种体制如果匹配，那么无资助命令出现的机会比较少，如果财政体制起不到对公共决策体制的制约作用，那么无资助命令出现的概率非常高，而且数量非常多；而且公共政策决策体制本身也非常易变，更加不容易受到制约。两种体制相互促进这一方面自然不用说，因为两种体制同时体现政治过程，为政治服务保障国家良好运转的体制，志同道合，没有任何利益冲突。两种体制相互制约这一关系是两种体制矛盾运动的核心所在，解决和利用好这一关系，对公共政策决策体制的良性发展起着至关重要的作用。公共政策决策体制受到财政体制制约的原理在本节第一部分的论述中已经阐明，在此约束机制作用下，公共政策的效率性和可行性才能有所保障。原因是公共政策是上级政府政治意愿的体现，一旦公共政策决策体制与财政体制脱节，那么公共政策的出台即公共政策的理论阶段考虑的因素中便少了财政的约束力，但是理论中不考虑不代表实际中不存在，在公共政策由理论阶段转为实施阶段后，财力的约束将成为公共政策落实的桎梏，严重影响公共政策的实施效果，这便是无资助命令的后果。与此同时，不考虑财力的约束还有可能会造成公共政策决策过程过于简单，政治意愿过于繁多，造成公共政策出台的泛滥，为下级政府带来更加严重的政治负担，这也是许多无资助命令出台后无果的原因所在。因而，体制方面的原因也是无资助命令出现的一个重要原因，同时也解释了部分无资助命令泛滥的现象。

正当的无资助命令与额外负担：全民意志与全民负担

无资助命令从很多意义上来讲，都是不尽合理的，但是无资助命令有其自身的优点，对国家某些领域内职能实现有着积极意义，这种无资助命令也可以被称为正当的无资助命令。正当的无资助命令产生的原因可以从两个角度来分析，一个是意愿角度，一个是强制角度。

首先，无资助命令是体现政治意愿的公共政策，但如果这项政治意愿同时也是全民共同的个人意愿，那么无资助命令从意愿角度正当化。一个比较典型的例子就是一个国家的国防政策，以及政策要求的国防支出。国防的作用一般来讲就是抵抗外来侵略，这是一个国家的政治意愿，从个人的角度来讲，“国破则家亡，国兴则家昌”，抵抗外来侵略不仅是卫国而且是保家，这也是个人意愿的强烈表现。从正当无资助命令造成的额外负担来看，由于是强烈的全民意愿，所以全民都应该成为该意愿的负担者也愿意成为该意愿的负担者，此时这份额外负担的承担者不仅仅局限于政府，当然，政府的财力也是取之于民，但是通常政府的财力只是负责日常支出。因此从这个角度来讲，无论国防政策出台到达地方后有没有财政支持，地方政府和地方百姓都会无条件服从国家政治意愿，公共政策的效果不会因为无资助而降低，这样的无资助命令就是正当无资助命令。

其次，无资助命令的正当化手段是强制的，被认可的正当无资助命令的执行不会因为少数无意愿甚至相反意愿者而改变，在多数原则下，这种领域中的无资助命令一旦被赋予正当的头衔，就不仅仅受到道德约束和道德谴责，而会受到强制约束和法律保障。从这个角度来讲，强制性保障了正当无资助命令的执行，具有值得肯定的积极意义。

无资助命令的表现

分别举出中央政府对下级政府、省级政府（如河北省或天津市）、地级政府对县级政府、县级政府对乡镇政府、乡镇政府对村委会的无资助命令的例子。需要查各种公开发表的政报或者其他来源。

无资助命令的表现形式是多样化的。其中，有一些无资助命令是显性的，即我们在定义中反复强调的形式在现实中的全盘写照，上级政府拥有公共政策制定权，但是在出台需要下级政府实施配套设施或者要由下级政府全权执行的公共政策后没有匹配的财政资助导致政策执行效果严重降低。此外，有一些无资助命令是隐性的，即多数情况下，公共政策的落实往往不仅仅经过一个层级的传递，而是由最上级政府出台公共政策，随后被下级政府、再下级政府甚至第三层政府层层落实。这种情况下，最上级政府出台公共政策时可能是有一定财政资助的，但是随着一层层过滤，这种经费往往越来越少，到最低层政府即真正落实政策的政府需要这笔经费作为之时，已经所剩无几。这个过程表现了有资助命令向无资助命令的转变，但由于基层政府才是落实公共政策的最直接层级，所以这种命令的实质还是无资助的，只是它曾经表现过有资助的阶段，于是我们称之为隐性的。显性的无资助命令出现往往针对某些特殊领域的特殊事件，而且如果一旦在现实生活中发生，将很容易被发现、提出、讨论并纠正，但是隐性的无资助命令存在的频率很高，尤其是在边远、贫困、地域小、财力弱的基层政府，是经常存在的，更为严重的是短时间高频率的无资助命令的发生，使原本就弱不禁风的基层政府财政雪上加霜，值得我们去研究和纠正。

显性无资助命令的表现

显性无资助命令的表现有很多，涉及领域也很庞杂。虽然有一些显性无资助命令并没有明确证明其是确切的显性无资助命令，但是鉴于其只出台命令而没有财政资助的意向和行为，我们也可以从怀疑开始，在以后的研究中逐一求证。

据新华网 2009 年 3 月 12 日报道，2009 年河北省将进一步推进农村最低生活保障制度与扶贫开发政策的有效衔接，实施新的扶贫标准，对农村没有解决温饱的贫困人口、低收入人口全面实施扶贫政策。继续坚持整村推进扶贫开发，全面启动第三批贫困村扶持工作。加大贫困乡村、贫困家庭劳动力转移培训力度，切实提高培训质量，增强转移就业能力。积极稳妥地实施移民扶贫，对特殊类型贫困地区进行综合治理。推进“扶贫开发细胞工程”，扩大村级互助资金试点，完善“四帮一”扶贫开发机制，提升产业化扶贫水平。确保年内稳定解决20万农村扶贫对象的温饱问题，并尽快实现脱贫致富。通过各项扶贫工作，河北省贫困家庭将实现“10有”：每户有一项以上稳定增收项目，人均纯收入达到2000元以上；每户至少有一个劳动力接受过劳动技能培训，掌握一项增收致富技能；人均至少有半亩旱涝保收田；有坚固适用的住房；有合格方便的饮用水；有电视；有电话；适龄孩子有学上；加入新农合有就近看病条件；家中或就近有洗澡条件。

这些看似距离老百姓很近很贴合老百姓生活、提高老百姓生活水平的政策，在实施中其实需要很多资金的资助，一旦没有足够的财力支持，那么这些口号、文件将变为一纸空文。在通篇的报道中，我们并没有看到财政部门与政府联合起来拿出真正能够着手执行的方案，只是看到了政府出台的公共政策以及预期目标，这便是较为典型的无资助命令，如果不进行切实调研、预算，随着这些政策要求的下移，基层政府将面临更大的财政压力，政策效力也必将严重受损。

据新华网2009年4月8日报道，内蒙古从今年起要优先解决无房低保家庭的住房困难，争取用3年时间，到2011年基本解决现有城市低收入住房困难家庭的住房问题。去年底，国务院下发了《关于促进房地产市场健康发展的若干意见》。近日，内蒙古自治区政府结合内蒙古实际敲定了住房建设一揽子工程，即加大廉租住房建设力度，加快实施国有林业、垦区、煤矿等棚户区居民住房建设等。根据要求，廉租房建设要通过完善租赁补贴制度和实施城市棚户区改建等方式，主要以实物方式结合发放租赁补贴，逐步扩大保障范围。今年，要对城市和旗县（市、区）城区人均住房建筑面积13平方米以下的低保家庭实现应保尽保，并使实物配租比例累计达到当年应保家庭的40%以上；从今年起3年内解决22.6万户林区、垦区、煤矿等棚户区居民的住房问题。

国务院在出台意见的同时并没有辅以相应的财政资助措施或者资金专项补贴等资助，而是以上级政府的等级来替下级政府进行财政支出，这样的无资助命令，这样的方式，想与意见初设预期的政策效果一致，是非常不容易的。对于政策的目标，所要达到的标准，都能够以确切的计算和精确的数字来说明，对于为了要达到这一目的，在实施过程中即将要遇到的财力问题等方面更加应当踏实调研，细致考察，与实际相结合，拿出切实可行的与公共政策匹配的财政预算，才能够指定出能够达到的政策效果，保证政策实施效力。

隐性无资助命令的表现

案例一：新型农村合作医疗制度中曾经出现的隐性无资助命令

现阶段我国正进行大刀阔斧的医疗改革，每个老百姓基本都能说上一两条医疗改革的内容，也切实体会到了医疗改革为百姓带来的方便。尤其是医疗改革中正在进行的新农合制度，更是为广大农民提供了互助共济的医疗保障制度，旨在保障农民获得基本卫生服务、缓解农民因病致贫和因病返贫等现象的发生。新农合，全称是新型农村合作医疗，是指由政府组织、引导、支持，农民自愿参加，个人、集体和政府多方筹资，以大病统筹为主的农民医疗互助共济制度。采取个人缴费、集体扶持和政府资助的方式筹集资金。

从新农合的制度本身来看，农民本身的选择权空间很大，本着自愿的原则，农民可以依据自家人的健康状况和收入状况选择是否要加入新农合，享受上级政府和下级政府为农民提供的政策优惠。

特别值得我们注意的是新农合中关于上级政府对下级政府做出的公共政策执行要求部分，2002 年 10 月，《中共中央、国务院关于进一步加强农村卫生工作的决定》明确指出："到 2010 年，新型农村合作医疗制度要基本覆盖农村居民""从 2003 年起，中央财政对中西部地区除市区以外的参加新型合作医疗的农民每年按人均 10 元安排合作医疗补助资金，地方财政对参加新型合作医疗的农民补助每年不低于人均 10 元""农民为参加合作医疗、抵御疾病风险而履行缴费义务不能视为增加农民负担"。从 2003 年开始，本着多方筹资、农民自愿参加的原则，新型农村合作医疗的试点地区正在不断地增加，截至 2004 年 12 月，全国共有 310 个县参加了新型农村合作医疗，有 1945 万户，6899 万农民参合，参合率达到了 72.6%。

2006 年 1 月 10 日，国家卫计委、国家发展改革委、民政部、财政部、农业部、国家食品药品监管局等部委共同颁布了《关于加快推进新型农村合作医疗试点工作的通知》（卫农卫发〔2006〕13

号），对高度重视新型农村合作医疗试点工作、明确扩大试点的目标和要求、加大中央和地方财政的支持力度、不断完善合作医疗资金筹集和监管机制、科学合理制订和调整农民医疗费用补偿方案、加强合作医疗管理能力建设、进一步解决好贫困农民的看病就医问题、加强农村医疗服务监管、继续加强农村药品监督和供应网络建设、加快推进农村卫生服务体系建设、加强农村基层医疗卫生队伍建设、加强对新型农村合作医疗的组织领导等十个问题进行了明确指示，其中加大中央和地方财政的支持力度中规定：从 2006 年起，中央财政对中西部地区除市区以外的参加新型农村合作医疗的农民由每人每年补助 10 元提高到 20 元，地方财政也要相应增加 10 元。财政确实有困难的省（区、市），在 2006 年、2007 年分别增加 5 元，在两年内落实到位。地方财政增加的合作医疗补助经费，应主要由省级财政承担，原则上不由省、市、县按比例平均分摊，不能增加困难县的财政负担。农民个人缴费标准暂不提高。同时，将中西部地区中农业人口占总人口比例高于 70% 的市辖区和辽宁、江苏、浙江、福建、山东和广东六省的试点县（市、区）纳入中央财政补助范围。中央财政对辽宁、江苏、浙江、福建、山东和广东省按中西部地区补助标准的一定比例安排补助资金。各级财政部门要认真落实新型农村合作医疗补助资金，在年初预算中足额安排，并及时下拨到位，为新型农村合作医疗的顺利开展提供必要的资金保障。

中央政府的政策是科学的、全面的、合理的，但是由于政策从中央走到地方农民的身边要经过层层不同级别的政府部门，财力难免流失，并且下级政府为积极响应党中央的号召，往往制定更多的地方性政策以辅助政策实施。

为了更好地了解新农合第一轮政策在基层的实施情况，笔者在河北省邯郸市某区的乡镇进行了调研。从各级政府的文件以及笔者调研途中采集到的信息来看，在新农合实施初期，上级政府对下级政府财力支持是明显不足的，据当地某镇镇长明确表示，上级政府专款拨付的金额本来就不多，但是在上级政府的硬性规定下，乡镇必须建造某规模大小的卫生院，鉴于原有卫生院的各项条件均不能够达到标准，即便内部整修，也无法达到上级政府规定的硬性指标，只能重新建造，但是与重新建造所需资金相比，上级政府的拨款可谓杯水车薪，据基层领导介绍，乡镇财政大都吃紧，人员超编，所以无法在顾及不保的情况下再拨款去修建卫生院，只能用上级拨付的款项全部投入，修建到什么程度算什么程度，以备迎接上级相关部门对此的检查。在笔者调研中发现，大多卫生院都只建造了房屋等外部设施，但其实是空壳一个，其中的医疗设备等很不完善，有些甚至没有医疗设备，基层政府也没有准备将其投入使用，只是为了迎接上级考核所用。这样的隐性无资助命令其实致使政府浪费了更多的资源，不仅没能给老百姓带来实惠，反而造成了更加严重的后果。在新农合实施中期，这些问题得到稳步解决，国家财政进一步加大了对新农合制度的财政拨款，参合农民总量也逐渐攀升，资金来源多渠道、多人群，使得新农合制度得到了不断完善，这是我们能够感受到的可喜的一面。新农合实施至今，越来越多的农民朋友医疗从原来的毫无保障走到了现在的小病有保障阶段。据笔者在对基层参与新农合的农民朋友调查中了解到，现阶段，乡镇卫生院的设备已经具备了初步水平，一般的病症都能够得到治愈，并能够定期领取到返还的医疗费用，但是据农民朋友们反映，由于卫生院的条件非常简陋，仪器和医生条件都非常有限，有了稍微严重一点病症的人还是免不了到相对正规的医院就诊，而这些医院大都对新农合参保户的花费金额、地域、医院手续、药费种类等有着苛刻的规定，在河北省邯郸市该区的医院就做出了1000元以上才能够享受新农合，并且还要办理纷繁复杂的转院手续、托关系、找门路才能够拿到返还的医疗费，时间在一年或者以上。

当然，新农合的开展是一个良好的开端，而且它的完善和良性发展我们也有目共睹，美中不足的有两点：首先，为了保证其合理、良好运转，许多款项都是在实践探索中后来追加的，这实际上就是无资助命令一点点向有资助命令的转变过程，换言之，如果在新农合实施之前就经过公共政策体系和财政体系中各个环节的听证、议政、表决、修正、预算等，其在出台伊始也许就能够达到现阶段实行的标准，不用经历如此曲折；其次，该制度仍然对全国所有乡镇农民实行了“一刀切”，只保证了简单快捷，却没有与各个地区乡镇的经济发展水平和农民的切实需要紧密结合，如比较发达的江浙地区与贫困县区较多的陕甘地区农民的参合费用及享受的医疗保障水平相同，导致政策与百姓的贴合度并不是非常理想，如果能够在政策出台之前做足功课，对全国进行合理的划分，再经过全民政策参与、财政专家对其进行预算分析，公示讨论后通过，相信将有更多的农民获得更大的实惠。

案例二：直辖市居委会管理中出现的无资助命令问题

经过笔者对当事人的采访，某直辖市中居委会管理中出现的无资助命表现是很突出的。在某居委会的日常工作中，包含了该辖区内老百姓衣食住行的方方面面，从传达上级精神、通知各家各户缴纳各种费用、学习时事政治、讨论经济形势、通知天气预报、召开居委会会议到帮助夫妻调解关系、帮助百姓照料老人、帮助百姓照顾未成年子女，居委会可以说真正是老百姓的居委会，管理着许多琐碎但重要的日常事务。从学术角度上来说，以上内容说明居委会的事权是很多的，但是在实际中，与此过多事权相匹配的财权却不那么充分。

在居委会管辖内的工作中，涵盖着多项费用，以最为节省的方法来计算，通知天气预报、召开会议，等告知行为，需要通信费用，如固定电话及固定电话费用、移动电话及移动电话费用、小黑板及粉笔费用、口头传达的交通费用等，帮助百姓日常生活等实际行为，需要日常生活如喝水、吃饭、买慰问品、时间成本等费用，在其他日常工作中也存在着多种费用需要财力支持。但是，居委会虽然被赋予了许多责任，却没有明文规定居委会的财力来源，更谈不上额外来源，在诸多的与百姓息息相关的民生问题上，特别负责任的居委会管理人员可能能够依靠精神力量或觉悟来完成自己的工作，但是由于缺乏财力支持，在大多数情况下，许多居委会管理人员面对这些问题也爱莫能助。

这个最基层与日常生活最为贴近的例子说明，无论多么小的一件事务，都有可能产生成本，在有成本的情况下，就应当有相应的财权与之相匹配，才能够保证工作的顺利进行。

无资助命令的三大维度：命令的强弱程度、命令的清晰度、无资助的强弱程度

上级政府对下级政府的命令有许多属性，如前所述，根据命令是否反映共同意愿，可以分为基于共识、基于命令以及介于两者之间三种；根据命令是否有财政资助，可以分为有资助命令和无资助命令两种。其中，无资助命令这一概念囊括了三大维度，分别是：命令的强弱程度、命令的清晰度、无资助的强弱程度。

无资助命令的第一个维度是命令的强弱程度。命令的一个重要的属性，就是命令的强弱程度，这可以作为命令分类的一个标准，也可以作为我们认识无资助命令时的第一大维度。上级政府对下级政府的命令，其实无论是否基于共识，实际上最终都是上级政府意志的体现，基于共识的上级政府对下级政府发出的命令能够获得下级政府更高的认同度，基于命令的上级政府对下级政府发出的命令不能获得下级政府更高的认同度。而在实际的体制机制运行当中，某一命令的执行程度与是否基于共识并不是首先或者说时时刻刻强

相关，而是首先直接与命令的强弱程度相关。上级政府对下级政府的强命令会直接导致政策的高执行结果，而上级政府对下级政府的弱命令一般会导致政策的低执行结果。值得注意的是，在命令强弱程度分明的基础上，该命令是否基于共识会在很大程度上影响弱命令的执行结果，对于那些有高度共识的弱命令，一般在表现上也呈现高执行程度，而那些仅基于命令的弱命令，一般在表现上也呈现出低执行程度。总结来看，无论是否基于共识，只要是上级政府对下级政府下达的强命令，一般都会得到高执行程度这一结果；那些基于共识的弱命令，一般也会得到高执行程度这一结果；那些仅基于命令的弱命令，一般会得到弱执行程度这一结果；那些介于共识和命令之间的弱命令，执行程度不确定，但不会达到强执行程度的结果。

无资助命令的第二个维度是命令清晰度。命令另一个重要的属性，即命令的清晰程度，可以作为将命令分类的一个标准。命令的清晰程度直接决定着下级不执行命令的风险，即下级政府对命令的执行程度，根据命令的清晰程度，可以将其分为清晰程度高的命令和清晰程度低的命令。对于清晰程度高的命令，上级政府对命令的意义、命令的内容、命令的属性、命令的影响因素、命令的执行程序、命令的目标达成、不执行命令的后果等各个细节方面，进行了严格的规定，这样的命令十分具体并且容易监控和考核，因而预测下级政府不执行命令的风险很大，即命令的执行程度高。对于清晰程度低的命令，上级政府只对命令的大体方向和大致目标进行了一些规定，而对于命令的各个细节都没有涉及，面对这样的命令，上级政府很难实施具体的监控和考核，下级政府自行活动范围相当大，能够钻空子的地方非常多，换言之，下级政府不执行或者选择性执行命令的风险很小甚至没有风险，导致命令的执行程度低。

无资助命令的第三个维度是无资助的强弱程度。在命令的强弱程度和命令的清晰度基础上，无资助命令还具有第三大维度，就是无资助的强弱程度。如上所述，某一项上级政府对下级政府的无资助命令都是上级政府主动作为所导致的，包括在下达命令的时候明确规定该项命令无资助、没有明确规定该项命令有资助、对某项命令进行资助时设定限制条件，等等。这些主动作为实际上会直接或者间接导致某一项命令的无资助，只是对于不同的下级政府而言，这些命令无资助的程度往往是不同的。而究竟如何对待这种无资助，是选择自筹资金咬牙解决，还是最终放弃置之不理，就要结合以上我们阐述的命令的两大维度来共同观察了。本书将在后面的章节进行详细讨论。

影响无资助命令的两层博弈因素

认识无资助命令，除了命令的强弱程度、命令的清晰度和无资助的强弱程度这三个方面以外，还有必要认识影响无资助命令的博弈因素。实际上，在现实的体制机制运行中间，这种博弈关系在与无资助命令相关的主体之间是广泛存在的。由于受到篇幅限制和笔者目前研究广度和深度的限制，我们可以从影响无资助命令最主要的两层博弈因素着手进行观察。这两层博弈因素包括多级政府之间的行政关系博弈和多级政府之间的财政关系博弈。

多级政府之间首先存在行政关系层面的博弈。多级政府之间总是有责任与权力的划分，这种划分基于多重基本准则，包括受益范围、便利程度、外部性、公平与效率等。在多级政府的行政关系当中，每一级政府势必都会在实际行政的过程中针对各自所处环境和所面对的具体情况产生相对独立的行政意愿，而这种行政意愿又会继续传导、辐射和产生对相应公共政策的影响。这种行政意愿在产生之后，会在上下级政府之间产生相互影响，这种影响反映到体制机制的现实运行当中，就是一种博弈的过程，上下级政府之间并不是因为存在行政级别就不会进行博弈，相反，这种博弈甚至可以说无时无刻不在进行。这种博弈的力量会在很大程度上影响最终的行政意愿的体现和发挥。各级政府的行政意愿同时也受到相应的约束，这种约束能够在很大程度上影响多级政府之间的这种行政博弈，有效的、科学的、包容性的约束制度有利于良性博弈的产生，并促进博弈的科学化和在可控范围内合理地进行。

多级政府之间还存在财政关系的博弈。如果说每一项公共政策都是政府行政意愿的体现，那么这种行政意愿的达成则都是通过公共政策的实施而最终实现的，公共政策的实施总是有其相应的成本，这种成本究竟是多大，这种成本究竟由谁来承担的，与此同时，这种成本本来应该由谁来承担，这些都是探讨无资助命令所需要考虑的问题。实际上，在财政体制机制运行过程中，多级政府之间不仅仅存在着行政关系的博弈，还存在着财政关系的博弈。在联邦制财政体制下，这种上下级政府之间的财政关系博弈是显然存在的，多级政府之间甚至可以以多种非常开诚布公的方式，通过诸多透明化渠道实现博弈的过程，并最终达成一种结果。而特别值得说明的是，这种财政关系的博弈并非仅仅存在于财政联邦制下。在单一制财政体制下，有部分经济体的财政体制却是以一种实际上的财政联邦制在运行，这种情况下的多级政府之间的财政关系博弈也是显性存在的，多级政府之间大多可以以一种闭门讨论或者说接近于开诚布公的方式，进行实质上体现为博弈性质的探讨。而在极少数的实际上也是以单一制财政体制运行的经济体当中，多级政府之间也存在另一种形式或者我们说比较隐性的财政关系博弈，比如相关主体方单独约见、单独申请、特别批准等方式，我们也可以将其视为是实质上的一种博弈。因此，在单一制财政体制下，这种博弈过程实际上也会最终形成一个结果，这种博弈的过程能够在很大程度上对无资助命令产生影响。

从多级政府之间的行政关系博弈和财政关系博弈的视角来对体制机制进行观察，那些能够实现畅通无阻博弈的制度在很大程度上具有包容性制度的特点，而那些完全不允许博弈的制度实际上在很大程度上带有攫取性制度的特点，而当博弈拥有通畅的渠道和相对更充分的空间时，这种包容性制度能够有更多机会缓解无资助命令可能对体制机制产生的冲击。反之，如果博弈完全没有渠道和空间，那么也就意味着所有无资助命令都会变成一种刚性存在，无论其产生怎样的政策负面效果，或是阳奉阴违，或是被放弃，或是产生严重浪费等后果，并且对体制机制产生冲击，这种攫取性制度都无法扭转、缓解、解决相应的后果，那么将走上试错的道路，甚至产生更为严重的社会事件或者冲突，而这些后果往往是与命令出台的初衷，与公共政策的目标指向背道而驰的。这种严重的后果尤其需要在中等收入发展阶段引起重视，因在这一阶段更加容易在内部陷入政府公信力的塔西陀陷阱，同时这种体制的经济体也更容易在外力作用下陷入修昔底德陷阱，难以摆脱中等收入陷阱的经济发展的坎。

第 四 章

PART 4

无资助命令的第一维度：命令的强弱程度

联邦国家的政府虽然都采用联邦模式，但联邦政府对地方政府的影响却不同。在澳大利亚、德国、印度、马来西亚、墨西哥和巴基斯坦，联邦政府对地方政府的影响非常强；在美国和尼日利亚，联邦政府对地方政府的影响强度相对次一些；在加拿大、瑞士和巴西，联邦政府对地方政府的影响则非常弱，联邦政府对州政府的控制十分有限，而州政府则对本州的税基和税率有相当大的决定权。

——安瓦·沙

在不同的体制机制下，上下级政府之间关系的密切程度本来就不同。即使同样都是财政联邦制，在不同经济体当中，联邦政府对地方政府的影响也存在很大程度上的不同，有些弱而有些强。这是某种体制机制内部的特点。而实际上，无论在哪种体制机制下，无资助命令的存在都首先直接与命令的强弱程度相关。

命令具有强弱的属性

命令的一个重要的属性，就是命令的强弱程度，这可以作为命令分类的一个标准，也可以作为我们认识无资助命令时的第一大维度。

上下级政府之间的命令按照共识程度来划分的时候，可以分为基于共识的命令、基于命令的命令和介于两者之间的命令。然而，上级政府对下级政府的命令，其实无论是否基于共识，实际上最终都是上级政府意志的体现。所不同之处就在于，基于共识的上级政府对下级政府发出的命令，可能因为能够获得下级政府更高的认同度而提升执行度，但是基于命令的上级政府对下级政府发出的命令，则因为不能获得下级政府更高的认同度而不能在执行度上有所提升。

在某一经济体实际的体制机制运行当中，某一命令的执行程度与是否基于共识并不是首先或者说时时刻刻强相关，而是首先直接与命令的强弱程度相关。

上级政府对下级政府的命令无论是否基于共识，都存在强和弱的程度。上级政府对下级政府的强命令一般情况下会直接导致政策的高执行结果，而上级政府对下级政府的弱命令一般会导致政策的低执行结果。值得注意的是，在命令强弱程度分明的基础上，该命令是否基于共识会在很大程度上影响弱命令的执行结果，对于那些有高度共识的弱命令，一般在表现上也呈现高执行程度，而那些仅基于命令的弱命令，一般在表现上也呈现出低执行程度。总结来看，无论是否基于共识，只要是上级政府对下级政府下达的强命令，一般都会得到高执行程度这一结果；那些基于共识的弱命令，一般也会得到高执行程度这一结果；那些仅基于命令的弱命令，一般会得到弱执行程度这一结果；那些介于共识和命令之间的弱命令，执行程度不确定，但不会达到强执行程度的结果。

综上所述，基于命令强弱的属性，可以将命令在第一层次上分为强命令和弱命令，而如果再加入是否基于共识的要素，那么可以继续进行第二层次上的分类，具体分类见如表格 4–1。

表 4–1　嵌入共识要素的命令强弱分类

	强命令	弱命令
基于共识	基于共识的强命令	基于共识的弱命令
基于命令	基于命令的强命令	基于命令的弱命令
介于两者之间	介于两者之间的强命令	介于两者之间的弱命令

基于表 4-1，我们可以更加便捷地对相应类型的命令执行度进行预判：基于共识的强命令的执行力势必是最强的，基于共识的弱命令和基于命令的强命令这两者的执行力也可说是较强的，介于两者之间的强命令执行力次弱一些，但也强于介于两者之间的弱命令，而基于命令的弱命令的执行力势必是最弱的。

联邦制下命令强弱的明示

命令的强和弱是一种判断。而这种判断在不同财政体制下的表现是全然不同的。这种判断在联邦制财政体制下的表现，是联邦政府对州和地方政府之间命令传达时的一种明示。而这种判断在单一制财政体制下的表现，则多表现为传达媒介中的一种暗示。这两种表现形式下，明示的命令显然更加清晰，这也就意味着下级政府在对上级政府的命令进行强弱程度判断的时候，判断得出的结果与上级政府判断的结果一致性更高。而暗示的命令则显然更趋于模糊，这也就意味着下级政府自行做出的判断究竟是否与上级政府的判断具有一致性，取决于下级政府行政官员或人员判断的能力和水平，取决于下级政府与上级政府之间的沟通渠道是否畅通。此外，即使可能达成一致判断的情况下，下级政府也可能出于自己的行政意愿而选择遵循别的判断结果，因为毕竟暗示的命令不够清晰。然而，尽管在学理层面，这样的分析看起来合情合理，但在体制机制实际运行的过程中，无论联邦制财政体制对命令强弱的明示，还是单一制财政体制对命令强弱的暗示，实际上都在寻找让自己的体制机制更具效率的方法。不能一概而论地认为单一制财政体制下命令强弱的暗示都是不清晰的，从而是效率低下的，因为各种在现实中运行的体制机制都在不断地进行自我优化。我们的探讨实际上也是试图让这种优化过程更科学的一种尝试。

当然，尽管对单一制财政体制不能进行一概而论的判断，但是财政联邦制下对命令进行强弱程度做出明确示意的做法，笔者认为显然还是更加符合效率所要求的指向的，甚至在更深一层进行考虑，这种做法显然更有助于推动国家治理进行中法治化的实现。

以美国为例，尽管通过对全球财政联邦制进行横向比较，不难发现，美国的财政联邦制下，联邦政府对地方政府的影响不属于最强的，但是影响力也属于次强的水平上。在这种情况下，上级政府命令的强弱程度是否能够被下级政府清晰地判断就比那些联邦政府对州和地方政府只能产生微弱影响的经济体而言，更为重要。因为上级政府对下级政府的影响力越大，下级政府对上级政府命令的执行就越被关注，而下级政府对上级政府的执行越受到关注，命令的执行程度往往就更需要符合命令的强弱程度指向，对命令的强弱程度的清晰度需求就越高，这样下级政府才能在更大程度上减少因判断失误而犯错。在那些上级政府对下级政府只能产生微弱影响的经济体当中，命令的执行空间相对更加宽松，所以对命令的清晰程度需求的强度也相对较弱。基于此，我们可以联想到，在比具有最强联邦政府与州和地方政府关系的财政联邦制更强的单一制财政联邦制下，上级政府对下级政府命令的强弱程度的需求度会更高，但在现实运行中，却恰恰因为是单一制体制，所以命令的强弱程度的明示程度反而更差，这就形成了一个运行当中产生问题的体制内在悖论。很值得我们关注和思考。

波斯纳（Posner，1998）在其对美国政府间关系的研究中提出，美国上级政府对下级政府的命令（Mandate）可以按照强弱程度分为六类[3]：第一，直接命令。这是美国联邦政府给州和地方政府发出的、带有有强制性的一种要求。第二，交叉要求。大部分联邦政府对州和地方政府的资助项目都属于这一种。比如，在美国，联邦政府会规定，如果州和地方政府想要在基建项目方面获得联邦资金，那么就一定要建设一定标准的残疾人通道，等。第三，关联制裁。在这种类型的命令下，联邦政府通常将一些项目的资金支持与其他项目的执行情况进行捆绑，其他项目的执行情况达到某种标准或者到达某种进度，州和地方政府才能在目标项目中获得联邦政府的资金支持。比如，在美国，对饮酒的限制是由州和地方政府层面来执行的，联邦政府对饮酒年龄有一定的限制，而州政府如果没能完成联邦政府对饮酒年龄限制的相关命令，那么联邦政府就有权力扣留该州本来可以获得的全部或者部分高速公路的联邦政府拨款。在这一项命令当中，饮酒年龄限制的命令与高速公路拨款的条件之

[3] 吴木銮，美国政府间委任研究的发展——一个研究央地关系的新视角，经济社会体制比较，2010（5）。

间就存在捆绑关系，这种命令被称为关联制裁。第四，部分解除。这种命令的含义是联邦政府为联邦政府层面统一制定的一些要求，有权通过命令的形式解除州和地方政府的一些相关权力。比如，在美国，为了应对全球化的需要，联邦政府制定了一些全国层面的环境治理要求，而与此同时，联邦政府也通过命令的形式部分解除了州和地方政府的一些相关的监管权力，在这些被解除监管权力的领域内，州和地方政府应当确保达到联邦政府的要求。第五，全部解除。顺应部分解除的命令来对此类型的命令进行理解，它就是指那些联邦政府通过命令的形式对州和地方政府相关监管权力的全部解除，而在这些被解除监管权力的领域内，州和地方政府应当确保全部达到联邦政府的要求，换言之，这种监管权力在州和地方政府层面得到了解除，而在联邦政府层面得到了加强。从这个视角来看，我们也可以说，联邦政府通过命令的形式从州和地方政府层面将监管权力进行了上收。第六，与项目挂钩的补助和要求。联邦政府发出某一项命令，并为这一项配备相适应的款项，这种资助从高联邦政府划拨给州和地方政府，但与此同时，联邦政府也要求州和地方政府定向将这笔资助使用于特定的项目。或者我们可以更通俗地理解为我们通常所认为的“专款专用”。

单一制下命令强弱的暗示

在单一制财政体制下，上级政府对下级政府，或者说，中央政府对地方政府下达命令的强弱程度并不是明确标注出的，而是更多以一种暗示的方式存在。在某些情况下，这种暗示也具有相当的确定性，能够达成公共政策的效率。特别地，对于某一些特别突出的暗示，或者中央政府三令五申的重大政策，落实起来的确定性方面、实效性方面、效率方面、保障方面、政策效果方面等，甚至都会超过联邦制财政体制下所能达成的各方面结果。除此之外，单一制财政体制下命令强弱的暗示也不像联邦制财政体制下基本每一项公共政策强弱程度出台之后就是确定的了，而是还有很大变化的空间，受到多方因素的影响。总体看来，单一制财政体制下命令强弱程度的暗示至少有以下几个特点。

首先，单一制财政体制下命令强弱程度的暗示与命令下达的形式没有直接关系。也就是说，以同样的形式对不同的政策命令进行下达的时候，未见得这些政策命令具有相同的强弱程度。虽然普遍意义上的强制性文件形式与相对较弱的文件形式下达的命令程度有所不同，强制性文件形式下达的命令具有更强的特性，而相对较弱的文件形式下达的命令则较弱，但是在单一制财政体制下，并非同样的下达形式就具有相同的强度。换言之，下达形式并不能作为最终判断结果的唯一标准，这一点与联邦制财政体制的相对更为规范的运行十分不同。事实上，在同样的下达形式下，往往有可能出现一些公共政策命令的强制程度超过其他公共政策命令的现象，往往还有可能出现一些公共政策命令领的强制程度转弱的现象。

其次，单一制财政体制下命令强弱程度的暗示往往与高级别的行政长官、高级别的权力机构、高级别的党政机关的意志直接相关。也就是说，在对许多不同的政策命令进行排序的时候，强弱优先级受到相关的行政长官、权力机构、党政机关等意志的影响。有一些政策命令可能在下达的时候看似强度很高，但是在下达的过程中，随着时间推移、新政策的出台、新方针的制定等多方因素的影响，这些政策命令到达执行层面的时候其强度就已经发生了改变。而且这种改变如果在上下级政府之间能够达成共识，在这种情况下实践中往往也是能够达成共识的，那么即使当时发出的时候是强度很高的命令，最后没有得以执行，也不会造成严重后果，不会受到苛刻的追究。

再次，单一制财政体制下命令强弱程度的暗示受到上下级互动结果的影响。在很多单一制经济体中，其财政体制下命令上传下达的过程都不是一个一次性的、单一方向的闭合过程，而总是会加入上下级之间互动博弈的过程。这一点的产生与法治化程度也没有太直接的关系，并非法治化程度高就会阻止上下级之间的互动博弈的产生，法治化程度高起到的作用是让上下级政府之间的互动博弈在一个更为可预见的框架下、以一种符合程序正义的方式进行，而不是不进行，因为这一点是由单一制体制机制造成的。值得思考的是，虽然这种机制产生的结果绝非全然是负面性的，但是其势必造成了公共政策命令在上传下达过程中结果的不确定性，而这种不确定性对于体制机制运行而言，势必会造成冲击，并且推进运行成本，也对相应的人力资本提出了更高的应急管理水平要求。

单从体制机制运行上来讲，我们很难一概而论地去判断，究竟是联邦制财政体制的公共政策命令运行更具优势，还是单一制财政体制的公共政策命令运行更具优势。因为这两种体制机制本身就具有不同的内在特性。通常情况下，联邦制的特性是默认松散，而单一制的特性则是默认集中。这种特性在其所对应的财政体制运行过程中，在其财政体制下公共政策命令的上行下达过程中，同样存在。

第 五 章

PART 5

无资助命令的第二维度：无资助的强弱

我绝不能设想一个国家没有强大的政府集权会生存下去，尤其是会繁荣富强。但我认为，行政集权只能使它治下的人民萎靡不振，因为它在不断消磨人民的公民精神。不错，在一定的时代和一定的地区，行政集权可能把国家的一切可以使用的力量集结起来，但将损害这些力量的再生。它可能引来战争的凯旋，但会缩短政权的寿命。因此，它可能对一个人的转瞬即逝的伟大颇有帮助，但却无补于一个民族的持久繁荣。

——托克维尔

上级政府对下级政府的命令如果从是否给予相应财政支持来分类，可以分为有资助命令和无资助命令两种。而就本书关注的无资助命令而言，其无资助结合实践进行观察又分为不同的类型，这些类型随着命令对象的不同又会表现出不同的强弱程度。

资助的类型

从某一项无资助命令无资助程度的高低这一维度来进行观察，无资助的类型至少包括了完全没有资助和有部分资助，当然，这部分资助显然也不足以完成命令所规定的相应内容。

实际上，如果与实践结合起来进行观察，对无资助类型的观察还应当加入另一个有效维度，那就是名义上是怎样的情况以及实际上是怎样的情况。鉴于此，笔者认为可以将资助的类型分为以下四种：一是名义上有资助的命令，二是名义上有资助实际资金难到位的命令，三是名义上没有资助的命令，四是名义上没有资助但是实际上有可动用资金的命令。

第一，名义上有资助的命令。这种命令应当是成熟、科学、合理的财政体制运行当中的绝大多数命令的类型。在相应的财政体制以及相关法律法规和财政政策等的规定下，上级政府下达相关命令，同时为这些命令内容提供相应的资金，下级政府运用上级政府的资助完成相关命令。第二，名义上有资助实际资金难到位的命令。这种命令类型在各种财政体制下都不在少数，它包括了那些名义上有部分资助但是资助显然不能满足达成命令要求的资金需要，还包括了那些名义上有一些启动资金但是实际上需要下级政府进行配套的命令，当然还包括为资助设定某些条件才能使用上级政府提供的相应资金的命令。第三，名义上没有资助的命令。这些命令是最显性的无资助命令，上级政府只管下达命令，而明确规定不为下级政府达成这些命令提供任何资助，或者没有明确规定为这些命令提供相关资助，这些都属于名义上没有资助的命令。这种类型的无资助命令最容易观察和统计，也最容易追踪、监测和做出相关应对处理。第四，名义上没有资助但是实际上有可动用资金的命令。这种命令类型虽然在通常的财政体制运行当中并不常见，但是对于转轨过程中的经济体，尤其是财政体制机制在不断完善过程中的经济体而言，却是非常常见的。某一些命令明确规定没有资助或者并没有明确规定相关资助，实际上可以利用某一些财政体制缺口来弥补，这种缺口依然是来自财政，而且很多来自下级政府对体制空缺的捕捉，甚至有一些来自上级政府对下级政府非明确授意的肯定性行为。在中国，这种命令我们可以明确观察到，例如政府与社会资本合作（PPP，Public Private Partnership）模式下，尽管规定了财政承受能力的比例，但是这种比例明确规定是针对一般公共预算的，而不是针对资本预算的，也就是说，地方政府在执行 PPP 的项目时，只要想办法满足一般公共预算的财政承受能力约束范畴就可以了，实际上，绝大多数政府都在政府性基金预算方面开了新的口子来进行补缺。在体制机制和相关政策的规定下，利用 PPP 模式完成的某种命令看上去是有财政承受能力比例约束的，但是这种约束却可以通过其他方式得到别的资金，而这种资金实际上是上级政府对下级政府非明确授意的行为，但是上级政府也没有明确叫停、明确反对或者做出相关规定，一切都由下级政府依照自己的能力来定夺，带有一定程度上的肯定性。

综合以上分析，按照资助的类型，我们可以为命令的分类提供以下表格，以供明确观察哪些命令属于无资助命令的范畴。

表 5–1　基于资助类型的命令分类

	名义上有资助	名义上无资助
实际上有资助	有资助命令（名义上有资助，实际上也有资助）	有资助命令（名义上无资助，实际上有资助）
实际上无资助	无资助命令（名义上有资助，实际上无资助）	无资助命令（名义上无资助，实际上也无资助）

从以上表格中不难看出，凡在实际上不能提供资助或者资助不足的命令，都属于无资助命令的范畴，而无论名义上是否有资助，在实际中都能够得到资助的命令，都不宜按照无资助命令来处理。

无资助的程度往往因对象不同而异

有些无资助命令在出台的时候就不会对下级政府产生什么压力，因为毕竟下级政府之间横向比较来看，总是有那些财政状况非常好的，也有部分是财政状况非常差的。然而，实际上，这种情况如果是在完全无资助的情况下，由于所有下级政府接受命令的条件在很大程度上具有刚性的特点，这种完全无资助的条件尽管看上去显然更加不合理，或者说更加严酷，但是却不会产生不公平感。而在部分有资助的情况下，尤其对于幅员辽阔的经济体而言，由于各级政府所在地的财政水平可能具有相当大的差异，所以反而会因为看似相同的条件而产生巨大的不公平感。

以某一项以下级政府财政资金配套作为条件的无资助命令而言，尽管这一项命令的特点看上去是有资助的，但是上级政府实际上只为这种命令提供很有限的启动资金，而且这种资金的使用还需要以配套作为条件，并且最为重要的是，在达成配套的条件后，由下级政府和上级政府财政资金共同配比而成的资金在使用起来往往还要受到上级政府相对较为严格的相关规定。这种类型的看上去有资助的命令实际上是非常典型的无资助命令。

更值得思考的是，这种无资助命令因为有相关配套资金的要求，所以往往更容易产生下级政府之间的马太效应。首先，对于那些财政最困难的下级政府而言，他们可能很难达成拿出配套资金的条件，而这就意味着他们没有办法拿到上级政府提供的相关启动资金。从逻辑上抽象观察，结果可以简单总结为，最穷的地方也最不容易拿到上级政府的资助。其次，对于那些财政相对过得去的下级政府而言，他们如果拿出配套资金来完成任务，那么就意味着有相当的资金锁定在上级政府的相关规定当中，而如果他们不拿出配套资金，不仅完不成任务，而且还拿不到上级政府的启动资金。从逻辑上抽象观察，结果可以简单总结为，相对过得去的地方会因为无资助命令冻结部分财政资金。而且，具有这些特征的下级政府还有一种实际上的通常做法，那就是先用一些配套资金将上级政府的启动资金套下来，然后再慢慢想办法，而这种做法的通常结果就是这些启动资金长期闲置，直接导致了上级财政资金使用效率低下。再次，对于那些财政相当好的下级政府而言，他们完全可以承担这样的配套条件，甚至可以达到进一步奖补的水平，最后拿到一笔非常充足的资金，而且完全可支配。从逻辑上抽象观察，结果可以简单总结为，财政最好的地方得到的可支配资金盘子最大。

基于以上实践观察，我们不难发现，某一项无资助命令的无资助程度除了本章上文中分析的类型区别以外，还在很大程度上与命令对象自身财政状况相关。甚至对于某些无资助命令，对绝大多数下级政府而言可能属于无资助命令，但是对于那些财政特别好的下级政府而言，甚至都不会体现出无资助的特点。因此，尽管我们对无资助命令是从上级政府发出命令的层面来认定的，而且这种认定具有相当程度上的科学性，毕竟无论下级政府财政是好还是坏，这种命令都具备无资助命令的特征和条件，但是无资助命令无资助的程度的确是随着对象不同而呈现出完全不同的结果。

这其中，与初步判断可能有所不同，那种完全无资助的命令由于对于下级政府而言具有相当程度上的平等性，从而导致的结果更加定向和单一，这就意味着这种无资助命令会更加容易追踪、观察、监测和扭转，换言之，这种无资助命令可能更加容易找到可控的方法，并进行相关落实。与此不同的是那些有部分资助的命令，这些命令恰恰会产生更加复杂的结果。尽管这类命令看上去也是设定了一个统一的标准和条件，但是这种标准和条件在落实到下级政府层面的时候将会随着下级政府之间完全不同的财政状况产生很大权变。如上所述，如果从配套资金这种无资助命令来进行观察，逻辑结果上直接反映出来的就是为下级政府带来马太效应，那些财政状况最差的地方反而越不容易得到启动资金，而那些财政状况最好的地方却越容易得到相对充足并且可支配的资金盘子。

以上分析和结论对于我们探讨无资助命令产生的相关问题及解决路径能够提供很大帮助。

第 六 章

PART 6

无资助命令的第三维度：命令的清晰度

1932年夏天，我找到了问题的答案。我意识到，使用定价机制是要花费成本的，我们必须发现价格是什么。谈判要进行、契约要签订、监督要开展、解决纠纷的安排要设立等等，这些费用就是所谓的交易成本。交易成本的存在意味着对于替代市场的其他协调方法来说，尽管它们的运行也有成本且有很多不完善，但仍可能优越于对定价机制的依赖，尽管定价机制是经济学家唯一正式分析过的协调方法。正是为了避免在市场上进行交易的费用，才可以解释企业的存在——在企业内部，要素配置是行政决策的结果。

——罗纳德·哈里·科斯

命令清晰程度与政策监控成本

上级政府对下级政府的命令有许多属性，如前所述，根据命令是否反映共同意愿，可以分为基于共识、基于命令以及介于两者之间三种；根据命令是否有财政资助，可以分为有资助命令和无资助命令两种。

除此之外，命令一个重要的属性，即命令的清晰程度，也可以作为将命令分类的一个标准。命令的清晰程度直接决定着下级不执行命令的风险，即下级政府对命令的执行程度，根据命令的清晰程度，可以将其分为清晰程度高的命令和清晰程度低的命令。

对于清晰程度高的命令，政策监控系统中的项目和权数都是有具体规定的，使得政策监控切实可行，成本固定，可操作性相当高。在政策监控有力的情况下，命令的运行受到有力的政策监控的约束和督促，执行程度最终表现为比较大。对于清晰程度低的命令，政策监控系统中的项目繁多，数量上也难以控制，面对难以量化的命令，政策监控的力度如果想要特别大，那么就要付出很高的成本，如果不想付出很高的成本，那么政策监控就很难运行。此时，命令的运行难以得到有力的监控和反馈，命令的执行程度最终表现为比较小。由于清晰程度决定着政策监控成本的大小，而政策监控成本又在一定程度上决定了政策监控的力度和可行性，所以清晰程度成了决定命令执行程度的一个重要因素。

对于清晰程度高的命令，上级政府对命令的意义、命令的内容、命令的属性、命令的影响因素、命令的执行程序、命令的目标达成、不执行命令的后果等命令的各个细节方面，进行了严格的规定，这样的命令十分具体并且容易监控和考核，因而预测下级政府不执行命令的风险很大，即命令的执行程度高。对于清晰程度低的命令，上级政府只对命令的大体方向和大致目标进行了一些规定，而对于命令的各个细节都没有涉及，面对这样的命令，上级政府很难实施具体的监控和考核，下级政府自行活动范围相当大，能够钻空子的地方非常多，换言之，下级政府不执行或者选择性执行命令的风险很小甚至没有风险，导致命令的执行程度低。

基于命令清晰度的分类

根据以上分析，命令的属性对命令执行结果的影响是多方面的，与此同时，这些属性之间是相互联系、共同作用的，不同属性的组合，即命令多维属性的共同作用，也可以被用来考察命令的深层次特点，以掌握命令的运行规律。

根据以上分析，借助命令的资助属性和清晰属性，可以将命令进行矩阵型分类。具体可以分为以下四种类型：高清晰有资助命令，低清晰有资助命令，高清晰无资助命令，低清晰无资助命令。（见表 6-1）

表 6-1　基于清晰—资助二维属性的命令分类

<table>
<tr><td colspan="2" rowspan="2"></td><td colspan="2">清晰属性</td></tr>
<tr><td>高清晰</td><td>低清晰</td></tr>
<tr><td rowspan="2">资助属性</td><td>有资助</td><td>高清晰有资助命令</td><td>低清晰有资助命令</td></tr>
<tr><td>无资助</td><td>高清晰无资助命令</td><td>低清晰无资助命令</td></tr>
</table>

考察清晰属性和资助属性共同作用时，命令的效果由二者共同作用来决定，但二者共同作用并不是二者单独作用时命令效果的简单加总，还要考虑二者在作用中权重的问题。一般来讲，由于命令本身具有强制性，上级政府与下级政府之间还存在着千丝万缕的政治联系，清晰属性的表现并不那么极端，因为清晰属性不决定命令是否能够执行的必然性；而资助属性则不同，命令的各个环节涉及多项成本，这些成本是否有所资助直接关系到命令是否能够执行，关系到命令执行的必然性，因而资助属性的权重是稍大的。

根据以上分析可知，对于有资助命令而言，命令的清晰程度对命令的执行效果影响甚微，在命令没有必然制约的前提下，下级政府一般不会冒险违抗命令，即使命令不是那么清晰，但是介于政治关系和各地自身利益，地方政府在有财力的情况下也还是会尽力做好，尽管各地最终成果表现的领域和形式可能会不同。

但是对于无资助命令而言，命令的清晰程度对命令的执行将会有很大的影响，这是因为清晰属性不是很好的引起反应的因素，但却能够在既有趋势下发挥比较强大的作用。

根据这一点，无资助命令可以被分成两类来考察，一是高清晰无资助命令，二是低清晰无资助命令。无论是高清晰还是低清晰，无资助命令都严重受到财力的制约，由于资助属性比较大的权重，命令的最终执行都将受到严重的影响，即命令执行的最后结果常常是选择性执行或不执行。需要注意的是，虽然同是选择性执行或者不执行，但是高清晰无资助命令的特点是命令的执行程度比较大，低清晰无资助命令的特点是命令的执行程度比较小，而且命令的不执行出现的概率很高。

无资助命令作为一种特殊的公共政策，与一般的公共政策实施效果考察的角度不同，对于无资助命令而言，无论是高清晰高执行程度还是低清晰低执行程度，都会造成严重的后果。尤其是高清晰无资助命令，后果较低清晰无资助命令往往更加严重。

对于低清晰无资助命令而言，无论外界约束条件还是下级政府的意愿，都指向对命令的不执行或选择性执行，所以也必将导致这一结果。对公共政策的选择性执行和不执行将带来很严重的后果。第一，无法达到政策效果。公共政策的产生是对公共政策问题的发现和提出，公共政策的落实本着解决公共政策问题的初衷，一旦政策没有被执行或者被选择性执行，政策效果必然没有或者达不到原来的效果，甚至浪费资源出现反面效果。第二，影响政策系统运行。

政策系统是环环相扣的，每个政策问题都不是独立存在的，而是存在于社会中，与方方面面相关的，某一个公共政策的不执行或者选择性执行，影响的不仅仅是此公共政策的执行效果，而是与之相关的政策系统中所有政策的执行效果，进而影响整个公共政策系统的运行。第三，降低政府信誉度。公共政策问题是源于百姓与人民生活紧密相连的问题，政府最关注的是民生，立志解决人民生活中出现的难题，以帮助人民安居乐业。一旦公共政策不执行或被选择性执行，人民面临的问题便无法解决，同时人民纳税的血汗钱也付之东流，会引起更多的社会问题，严重降低政府的信誉度和百姓对政府的忠诚度。

对于高清晰无资助命令而言，由于细节到位导致监控力度大、考核频繁，下级政府很少会出现主动地选择性执行或者不执行，对无资助命令执行程度比较大。除具有低清晰无资助命令所导致的后果外，由于财力的限制，这种大的执行程度必将付出相应的代价。一方面，下级政府可能为了执行无资助命令而加重地方居民的费用征收，加重地方居民负担。政府执行公共政策的经费是用之于民、取之于民，一旦经费不足但是公共政策又一定要落实，那么政府的一个办法就是伸手向当地居民要钱，以缓解巨大的财政压力，弥补无资助命令带来的财政负担。这一行为将会导致居民生存压力大、地域人口流动加速、社会动荡等问题，违背公共政策出台的初衷，循环加重政府和人民负担。另一方面，下级政府为了减轻地方居民负担，可能挪用地方事务的经费来填补无资助命令的财政空白。与国家范围不同，地方政府没有高地域壁垒，地方内的居民是具有一定流动性的，高费用负担必然加重该地区居民的生存压力，导致人力、企业等资源的流失。地方政府为了避免这一状况，减轻当地居民负担，只能从地方财政中拆东墙补西墙，填补无资助命令的财政空白。这一行为将会导致与人民息息相关的日常事务堆积、行政效率低下、切实问题难以得到解决等问题，给人民现在的生活造成不便，并将继续影响地方财政的未来运转。尤其在整体性较强的无资助命令面前，下级政府对未完成部分的努力程度与资源浪费基本上是成正比的。

上级政府对下级政府理论考核与实际考核

上级政府对下级政府的监控最终反映为考核指标和考核结果，从考核的方面来看，可以将考核分为两类，一类叫做理论考核，一类叫作实际考核。考核的力度影响着监控的力度，从而影响着公共政策的执行。在实践中，考核的力度仅仅从理论考核的角度分析是不够的，因为多种因素的影响，理论考核与实际考核往往是有差距的，这也是分类考察考核力度的原因所在。

理论考核一方面可以指考核团对被考核人的考核结果是理论上的，即制定的考核制度及各项考核标准等；另一方面可以指考核团对被考核人考核的角度是理论的，即考核的内容是理论知识。本文所指的理论考核选择第一种理解，因而可以说，理论考核是规范的、科学的、可行的，具有高标准、严要求，具有相当的考核力度和切实的考核效果。可以肯定地说，理论考核对命令的执行是具有积极意义的。

实际考核一方面可以指考核团按照所制定的考核制度及各项考核标准对被考核人进行核查的行为及结果；另一方面也可以指考核团对被考核人的角度是实践的，即考核的内容是关于实际操作的知识。本人所指的实际考核选择第一种理解，因而实际考核是一种过程，具有执行者、执行对象的执行过程，有任何因素对其进行影响，都会直接导致考核力度和考核结果的偏差。例如，考核是人与人相处的过程，人际关系中最容易被人们想起的便是腐败问题，一旦出现腐败，考核便不再是科学的和公正的，可能变成一种程式化的过程，从而失去意义。所以说实际考核的初衷是以理论考核为标准的，但在实际操作过程中往往遇到很大阻力，导致考核力度降低、考核结果不实等问题，从而影响考核对命令执行的作用程度。可见，上级、制度、舆论等对考核的监督是很有必要的，也间接影响着命令执行。

第 七 章

PART 7

不得不考虑的广泛博弈第一层：政府间行政关系

既然制度对经济绩效如此重要，那为什么其他国家不能学习和采用在经济绩效较好的国家中运用得最佳的制度呢？这是诺斯在一本开创性的论制度的书中提出的主要问题。为了分析这一问题，诺斯把制度定义为“博弈规则”，他把博弈规则分为两类：正式规则（宪法、产权、制度和合同）和非正式规则（规范和习俗）。即使能从国外借鉴良好的正式规则，如果本土的非正式规则因为惰性面一时难以变化，新借鉴来的正式规则和旧有的非正式规则势必产生冲突。其结果，借鉴来的制度可能既无法实施又难以奏效。

——青木昌彦

各级政府间责任与权力的划分

提及各级政府间责任与权力的划分，极易惯性认为上级政府主要负责公共政策的制定，而下级政府则主要是负责公共政策的执行。实际上，每个级别的政府在其责任与权力中，都包括政策制定权，而不仅仅是政策执行权。

政府间责任和权力分配的基本准则：受益范围

中央政府与地方政府间责任和权力分配的基本准则就是受益范围，即受益对象是全国范围内的行为主体，那么该责任和权力归中央政府，受益对象是地方范围内的行为主体，那么该责任和权力归地方政府。下面主要从政策执行权和政策制定权两个方面来讨论。

公共政策执行，就是政策执行主体为了实现公共政策目标，通过各种措施和手段作用于公共政策对象，使公共政策内容变为现实的行动过程 。公共政策执行的本质是遵循政策指令所进行的变革，是将一种政策付诸实施的所有行动的总和。下级政府享有更多的公共政策执行权，无论上级政府还是下级政府出台的公共政策，受益范围都涵盖了下级政府的管辖范围。对于下级政府自身出台的公共政策，下级政府自然有权利和义务将公共政策良好落实；对于上级政府出台的公共政策，受益范围是全国或全地区内，因此落实到下级政府时也即下级政府所要负责的范围内。于是，按照上级政府公共政策的内容和要求，下级政府享有更多的公共政策执行权。当然，在公共政策执行过程中，上级政府除享有一部分政策执行权外，还享有另外重要的权利，那就是公共政策执行中评估与监控的权利，以保障公共政策顺利执行。

公共政策制定，包括了公共政策问题的形成与认定、公共政策的规划与抉择。按照受益范围，中央政府负责实现经济稳定，其有权力用货币政策和财政政策对经济进行宏观调控，同时辅以相应法律法规规范市场各方面行为，是经济稳定方面公共政策的制定主体；中央政府负责主要收入分配，收入分配的辐射面是整个社会，面向全国市场经济体制，隶属中央政府的职责并以中央政府的权力为依托。当然，在商品、资本和人员等要素的地区流动受到限制时，地方财政也具有一定的再分配的权力，但中央政府是收入分配方面公共政策的制定主体。中央政府和地方政府同是资源配置方面公共政策的制定主体。中央政府在国防、外交等受益范围为全国公民的纯公共物品提供者，全权负责制定国防政策、外交政策并加以实施。中央政府与地方政府按照受益范围的基本准则各自负责一般公共品的提供。尤其是地方政府，在公共品的提供中扮演重要的角色。最典型的例子，就是地方性公共品一般由地方政府提供。地方性公共产品是指对那些居住在某一地理区域内，只占全国人口一部分的居民具有非竞争受益的公共产品，由于地方政府更接近本地的居民，更了解他们的偏好，提供的公共产品的质量和数量更能符合当地居民的需求，因此地方性公共产品由地方政府提供有利于资源的有效配置。

政府间责任和权力分配的特殊情况：外部性

在正常情况下，上下级政府之间责任与权力的划分都以受益范围为基本划分准则，但除此之外，在实际生活中还存在着一类特殊的产品和服务，它们的存在不仅关系到其目标群体的利益，还涉及其他群体的利益，这就是外部性最常见的表现。

所谓外部性，是指当个人或厂商的行为直接影响到他人，但却没有得到补偿或给予支付的情况，或是指一个经济主体的行为对另一个经济主体的福利所产生的效果，而这种效果并没有从货币或市场交易中反映出来。外部性亦可以称为毗邻影响或外部效应，其实质是行为主体没有承担起行为所带来的全部后果。外部性按不同方式可分为多种类型，如正外部性与负外部性、时间外部性与空间外部性、货币外部性与技术外部性、生产外部性与消费外部性等。

在公共品的提供者方面，一般而言，地方性公共物品按照受益范围应当由地方政府进行提供，但是具有较强外部性和较强规模效应的公共产品比较特殊：对于具有较强外部性的公共产品，除了考虑到地方居民的偏好外，还要考虑到公共产品提供的过程中要规避负的外部性、发扬正的外部性；对于具有较强规模效应的公共产品，应充分考虑到公共产品的提供过程中规模效应的作用，发挥规模效应的优势，以节约资源，可持续发展。

对外部性的传统纠正方式有两种，一是通过命令与控制，即通过出台相关的法律、法规、政策性文件等对外部效应进行纠正；二是采取税收与补贴，即为发扬正的外部效应对某种产品或服务减免税收、发放补贴，为规避负的外部效应对某种产品或服务课以重税或取消补贴等手段。

地方政府有一定范围内的权力出台法规、政策性文件以及发放税收来作用于外部效应，但是局限性较多，一方面是一般产生连带外部性的领域大都是全国范围内的，地方无力高瞻远瞩、控制局面；另一方面是由于地方人力、财力的流动性较强，某个地方政府对在全国范围内存在的公共产品或服务实施举措时，很容易造成行政壁垒缺口而导致人力、财力涌入或者行政壁垒过高而导致人力、财力外流破坏市场稳定。当然，从辩证法的角度来讲，中央政府纠正外部效应也并非尽善尽美，也存在一定局限性：首先，中央政府虽然是税收和补贴的执行主体，但是增降税收、增减补贴是否能够保障有足够的激励与约束，值得深思；其次，为达到资源配置最优即帕累托最优，政府必须拥有与决定帕累托最优资源配置相关的所有信息，这仅仅依靠中央政府显然是无法做到的；第三，政府对外部性的纠正也需要花费相应成本，如果成本一旦大于外部性产生的损失，那么将不符合效率原则，这就要求在执行前要进行充分的核算，在执行过程中要对每个阶段进行及时的反馈。

由此可见，仅依靠中央政府或地方政府单方力量都有一定的缺陷，这就说明在外部性这个特殊的环节上，需要建立上级政府与下级政府的协同机制，只有建立了良好的政府间协同机制，才能在大政方针上保持正确方向的前提下，在各项政策和细节全方位落实的进程中，保证政府机制更加稳定、更加良性地运转。

政治意愿的产生与约束

政治意愿与政府的职责分工是一致匹配的。就教育问题而言，在美国，主要是州政府来管理教育问题，联邦政府不能够制定统一的教育方针，主要职责就是对州政府给予财政拨款，各级政府都有政策的制定权、执行权和监督权，所以政治意愿是广泛产生的而且政治意愿与政府的分工是紧密相关的。如果不是职权范围内的事情联邦政府可以呼吁州与地方政府，但无论层级如何，只有真正履行政治职能的政府才是政治意愿产生、传递及最终实现的主体。政治意愿产生后，辅助政治意愿的达成，相应的公共政策也便应运而生。

政治意愿的产生与约束

需要引起注意的是，政治意愿的产生往往很容易，但是应该考虑到某一项政治意愿一旦产生，随之便受到各个方面资源的约束，包括人力、财力、自然条件的约束。

第一，人力方面的约束。人力方面的约束一般来说是两个方面，一是数量方面，一是质量方面。在科学技术飞速发展的现代社会，正如劳动密集型产业已经不能成为主流，人力资源的数量也已经逐渐不再是人力资源方面的桎梏，取而代之的是人力资源质量上的要求。现代政府管理讲求高效率、讲求电子政务、讲求信息化、专业化，公共政策从制定到执行，都对政府管理人员和接受政府管理的人员提出了更高的要求。政治意愿的高度和深度都应当以现有的人力资源为基础，不能过于好高骛远，也不能过于神秘晦涩，而应当在切实可行的调研基础上产生，这样才能收到更良好的效果。

第二，财力方面的约束。财力方面的约束是政治意愿约束的核心，市场经济时代的到来对政府意愿的落实、政府公共政策实施所需要的财力方面提出了更高的要求。政治意愿的落实有时候往往不仅仅依靠上级政府本身，还要依靠政府服务外包或者依靠下级政府全面落实。在这个过程当中，公共政策产生和制定、文件的上传和下达、政策的全面落实、服务的外包等等，都需要支付相当的行政成本。在现行的体制中尤其需要注重无资助命令这一现象，因为这个现象表明了下级政府在履行自身义务，出台相关政策，落实相关政策的巨额花费同时，还要承担上级政府命令的各项事务，为下级政府带来了巨大的财政压力，同时也影响了公共政策的良好实施效果。

第三，自然条件的约束。自然条件的约束与以上两个条件比起来，更具有刚性的特点。对于人力和财力方面的需求，可以依靠引进人才机制和财政补贴等方式进行弥补和调整，以求达到最佳状态。但是自然条件的约束若想改造，是一项非常艰巨的工程。当然，实际成功的例子也摆在我们面前，例如文明世界的三峡水电站、引滦入津、青藏铁路等工程，但是这毕竟是在万不得已的情况之下做出的必要举动，并且伴随着长远的政治意义和巨大的经济意义。在实际苛刻的自然条件面前，上级政府还需要在出台政策之前进行全面调研和合理预算，制定出切合实际、易于实施的公共政策，才能达到预期的效果。

第四，发展阶段的约束。除前三项具体条件的约束以外，还有历史范畴的约束即整个社会的发育程度和发展阶段。举例来说明，在奴隶社会和封建社会，工业革命还没有降临社会，农业和手工业为主体的生产模式是依赖于自然，与自然和谐共生的，在当时的社会发展阶段中，环境问题不构成政策问题，但随着社会不断发展，生产力水平不断提高，生产方式也发生着巨大的变化，新型的生产关系、生产方式、生产工具和新型的生活模式对自然造成了越来越大的影响，环境问题开始被提上日程，现阶段，环境问题已经成为全人类共同面临的重大课题。由此可见，公共政策以解决政策问题为目标，政策问题本身是由社会问题产生和发展而来的，而社会问题的产生必然受到社会发展阶段的制约。

政治意愿的约束下移问题

政治意愿的约束对我国而言主要是约束下移的问题，政治意愿的产生其实是每一级作为政治活动主体的政府必要的事务。每个人都要有约束，都不能有恃无恐，政治意愿也不例外，在此，我们特别强调：在政治意愿产生、传递与实现的过程中，权力、激励和约束必须是始终匹配的。每一级政府和每个公共部门都要有一个责权利的匹配机制。

但就我国具体情况而言，上级政府往往作为公共政策的制定者，下级政府往往作为公共政策的实施者，是问题的核心所在。这样的体制必然决定了公共政策的制定和实施两个重中之重的环节出现脱节现象：政治意愿往往随公共政策的制定而由上一级政府产生，而随着公共政策的实施下移；下移的过程中，不仅仅是公共政策下移，同时政治意愿的约束也随之下移，即本应在政治意愿产生过程中考虑到的政治意愿约束问题，往往要更换主体政府，进行弥补性、滞后性考虑。这便是脱节的核心所在。由于上级政府只负责制定公共政策，缺乏政治意愿约束问题的考虑，这就导致上级政府按照人民愿景、政府意愿制定出的公共政策可行性无法保障；而下级政府只负责执行公共政策，面临着人力、财力、自然资源等方方面面的约束，可能能够落实一部分，也可能根本无法实施，但是下级政府无权利对出台的公共政策进行任何异议和修正，加之上级政府权力所迫，只能做出敷衍了事或者干脆不执行的选择。

以这样的发展，一个常见的结局出现在人民的评价中，中央政府的公共政策总是优质的，但是人民并没有切实体会到政策的惠民，原因就在于地方政府对公共政策的执行总是劣质的。这其中一个比较重要的原因，就是无资助命令的存在，中央政府下达了命令，但是却没有给予地方政府相应的财政资助，地方政府想为之而不能，只得作罢。于是认为“中央政府做好人，地方政府做恶人”这样的情况时有发生。

当然，这只是一个表面的结果，实际上，中央政府和地方政府同为国家的政府管理机构，具有相同的政治意愿，本来就是同一个机构的不同部分，评论孰好孰坏显然是没有意义的，最为实质的结果，就是政府的公共政策没有达到预期效果，影响了国家的良性运转。由此看来，中央政府在制定公共政策的同时，应当充分考虑到政策的实施，考虑到地方人力、财力、自然资源等各方面的约束情况，制定出切实可行的政策，并对地方进行合理的人力、财力补贴，以保障良好的政策效果。

各级政府间的政治协同机制：命令与共识

如前所述，各级政府都享有各自的责任与权力，这是从各级政府的分工角度来考察的。除各司其职以外，国家体制决定各级政府，从上级到下级、从中央到地方是统一的整体，以国家的发展、民族的团结、社会的进步、人民的幸福为共同的目标。因此，各级政府间的政治协同机制对国家政治体制良性运转起到重要的纽带作用。一般来讲，政治协同机制的运行过程中有两种因素起着至关重要的作用，即命令与共识。

命令与共识的自身属性

《汉典》将“命令”一词解释为，由上级向下级发布的权威性的指示，或者由具有正当权威或权力的人所下的特定或日常指示；

将“共识”一词解释为，一个社会不同阶层、不同利益的人所寻求的共同认识、价值、理想。从政策研究角度来讲，命令与共识有着如下的区别与联系。

第一，命令强调方向性，而共识强调汇聚性。“命令”一词特指由上级向下级、由具有正当权威或权力的组织成员向无权威或权力的组织成员发出的指令，强调了命令的方向性，例如军队中将军向士兵发出命令。方向性是命令的一个显著特征，失去了方向性，命令一词便无从谈起。命令方向性的优点很明显，一般来讲，组织中的上级或者具有正当权威或权力的人，是在该领域具有突出贡献或在该领域的实践中表现出突出能力的人，命令由这样的人发出具有理论上的科学性和可行性；命令方向性的缺点，是它主要方向总是从上而下的，没有实地考察、基层参与、实施反馈的命令，其有效性也便很难保障。

而共识则强调寻求共同的认识、价值、理想，只要具有共同的目标，来自社会不同阶层、不同利益的群体成员都可以产生共识，因而共识强调汇聚性。共识汇聚性的优点，在于没有阶层的限制、没有利益的约束性，很容易为组织吸纳具有共同目标的新成员；共识汇聚性的缺点在于，没有权威的共识，可靠性和发展性无法保证，没有成形的规则和有力的管理，群体的发展和稳定同样难以保证。

第二，命令强调强制性，而共识强调意愿性。命令是一些人对另一些人发出的指令，即对要去做什么事情或者怎样做这件事情给出了明确要求。下属对于已经发出的命令，没有商讨余地而只能服从，对于命令的内容要尽全力去遵守，否则便是违反命令，从而体现出命令的强制性很大力度地约束接受命令群体的行为。命令强制性的优点，是它在很大程度上决定了依靠命令运作的组织具有很强的粘合力，易于维持组织的整体性和稳定性，从而使得组织可以进行长久谋略，有助于组织的进一步成长和发展；命令强制性的缺点，是它没有充分考虑到接受命令群体思想、人力、物力、财力等各项资源的承受能力，虽然强制性的目的是保证命令的有效性，但实际操作与理想状况往往有所差异。

共识没有命令如此强大的约束力，也并不靠强制性来笼络群体成员，相反地，它强调群体成员的意愿性，靠共同的目标内化出群体的凝聚力。共识意愿性的优点大体来讲有两个：首先，它是靠共同的认识、价值、理想内化出群体的凝聚力，群体成员对共同行为有高度的认同性，行为落实质量往往比较高；其次，共识的意愿性有助于在原有组织的基础上产生具有一定力量的新组织。共识意愿性的缺点，是由于它不强制群体成员的行为，可能会导致：首先，群体内成员对同一种行为履行进度参差不齐，群体进一步设想不能如期实现；其次，群体目标一旦对某些成员高不可攀、遥遥无期时，会导致该成员放弃原有的共识，从而退出群体；再次，共识所强调的意愿不是一成不变的，而是发展变化的，随着时间、空间、政策、环境、资源等因素的变化，旧的共识能否稳定、新的共识能否达成，都是一个未知数，从而组织的稳定性将无法保证。

第三，命令与共识同是为了一个目标，只是形式不同。命令与共识虽然各自有着不同的特性，但是显著的共同点便是为了共同的目标，这也为政府间政策协调机制的研究奠定了理论基础。命令在具有共识的基础之上会有更显著的效果，共识与命令配合也能加强自身的执行力度。

命令与共识的应用机制

命令与共识各自的特性都是辩证的，对政府间政策协调机制而言同样有利有弊，但由于它们都具有同目标的属性，所以都可以作为政府间政策协调机制的手段。命令自上而下的方向性及强制性与共识汇聚性及意愿性，决定了两者在政府间政策协调机制中是两个极端的情况。政策体系与民意共识越高，政策执行效力越好。命令的有效性不仅仅是发出命令单位的全员性，而且还是其自身的合理性与合法性引发的全员共识，有感召力，与社会成员的要求是吻合的。命令就是政策中的强制措施，是政策的一种强制性的说法，也是一种政策。共识就是强调了命令的有效性或者效力的另一方面的原因，认可程度越高，权力和压力不那么大也能达到效果。简单以公式来表示，即：政策的有效程度 = 命令发出者的权力 X 命令接受者的认可程度。根据两种因素的相互作用、相互结合，可以将实际情况分为三种：

第一，自发产生的共识，即下级政府自发产生与上级政府在某项事务上的共同认识，从而自觉履行应当履行的职责，积极主动为履行职责出谋划策。这种方式的优点在于，下级政府一旦与上级政府产生共识，积极性就会被调动，主观能动性较强，这种发自内心的精神力量能够在一定程度上弥补客观条件的不足。这种方式的缺点主要表现在两个方面：首先，这种方式使得上级政府对下级政府的统一程度很低。不同的下级政府可能对上级政府产生不同角度和不同程度的共识，导致下级政府对政策的理解角度、执行手段、执行程度等方面有着不相统一的行为，政策执行的效果必然参差不齐。其次，这种方式的执行程度不高。一方面表现在下级政府与上级政府之间共识意愿强烈时，执行程度有所保证，下级政府与上级政府之间共识不完全一致时，下级政府的执行程度没有保障；另一方面表现在，没有上级政府的指导、约束和监督，仅仅依靠下级政府的意愿、决心和信心，是不能完全保障政策效力达到最优的，这也是影响政策执行程度的一个重要方面。

共识的程度除组织内成员的认识基础以外，还可以通过政策参与程度来调节。例如如果某一项公共政策在出台前经过了实地调研、听证、议政、辩论、求证等多方参与，最终落实，那么这项公共政策在出台之时便是拥有很强大群众基础的政策，这是由于其颁布过程是高参与程度的结果，在第五章中笔者会继续阐述此方面问题。

共识最突出的表现就是必要的无资助命令，其产生与合理存在的原理在于如果大部分已经达标，即已经有很强的共识，而又不能任由各个政治实体自行发展，靠其自身来改善需要很长时间，做不到必要的统一，此时以无资助命令的方式对各个地方提出要求，也能够收到良好的政策效果。无资助命令成为必要因素的本质在于改进的方面必须是有必要改的、有价值改的，下级政府对此方面有很高共识。

例如，1995年美国颁布的《无资助命令改革法》明确提出了美国无资助命令的特例，包括执行宪法的个人权利；建立或执行任何禁止种族、肤色、宗教、性别、民族出身、年龄、残疾歧视的法定权利；要求提供紧急援助或救济的任何国家，地方，或部落政府或任何形式的国家、地方或部落政府；是必要的国家安全或批准或执行国际条约规定的义务；总统指定的紧急立法和国会指定的章程；涉及社会保障法第二编规定的老年、遗属和伤残保险。

第二，命令机制，即上级政府的意愿主要通过命令的形式到达下级政府，一般而言，命令都是在共识的基础上统一意志，是一种高程度的统一，下级政府原则上完全按照上级政府的政策内容进行落实。这种方式的优点很明显：首先，下级政府不得违抗上级政府的命令，使得上级政府制定的政策在下级政府力所能及的范围内能够达到最良好的实施效果，保证公共政策较高的执行程度；其次，上级政府对下级政府的命令是一种高程度的统一，一方面加强了政府间的粘合力，有利于政局稳定，另一方面在一定程度上保证了下级政府之间的同步性，有利于社会稳定。这种方式的缺点表现在：首先，命令原则上是在上下级共识的基础上统一意志，但是由于发出命令的主体是上级政府，所以主要还是体现了上级政府的意志，下级政府的意愿即使与上级政府有所差异，也必须服从上级政府的意愿；其次，命令由上级产生到达下级的形式，决定了命令机制使得公共政策不能充分考虑到下级政府在政策执行过程中所需要的人力、财力、物力、自然资源等条件是否能够承受；第三，命令机制中没有对上级政府提出辅助下级政府执行的要求，即上级政府提出政策，下级政府执行政策，承担工作幅度和责任很不均匀，容易导致上级政府与政策执行的脱节，从而引发出台政策过多，甚至泛滥。

第三，诱导机制，介于自发产生的共识与命令机制之间，上级政府对某项事务制定政策性标准，下级政府如果达到该标准，则能够得到上级政府的资助，如果未能达到此标准，则不能得到相关资助。这种方式有自己的特点：首先，不同于共识机制的散漫，也不同于命令机制的强制，诱导机制在整体性、稳定性保持良好的前提下以制定标准的形式巧妙地为公共政策执行设置了约束范围，使得下级政府有一定的自主选择权，并且以奖励的方式给政策落实中付出代价的下级政府以公平的环境，具有相当的科学性；其次，如果下级政府对上级政府制定的公共政策不认同，那么将选择不执行，此时，下级政府没有产生额外的资源浪费，如果下级政府对上级政府制定的公共政策选择执行，那么将接收到上级政府对其的财政资助，更加有利于公共政策的实施；再次，诱导机制的软肋在于，上级政府制定的政策性标准是什么，这根杠杆是诱导机制的优越所在，但也很容易成为诱导机制的缺陷所在，此外，诱导机制的体系较共识机制以及命令机制更加复杂，这就使得上级政府一旦选择此机制，就必须在每个公共政策出台之前付出更大的代价，这样的要求必然会影响上级政府的自主选择。

政策协调机制的现状

联邦制国家，国家整体与组成部分之间是一种联盟关系，联邦政府行使国家主权，是对外交往的主体，设有国家最高立法机关和行政机关，行使国家最高权力，领导其联邦成员实行联邦制的国家都认同统一的联邦宪法，遵从代表国家利益的统一法律。联邦各成员国有自己的立法和行政机关，有自己的宪法、法律和国籍，管理本国内的财政、税收、文化、教育等公共行政事务。联邦和各成员国的权限划分，由联邦宪法规定，如果联邦宪法与成员国的宪法发生冲突，以联邦宪法和法律为准。典型的联邦制国家有美国、俄罗斯、加拿大、巴西、澳大利亚等。

联邦制国家上级政府与下级政府之间是联邦合作的关系，下级政府拥有一定的自治权利，这就决定着联邦制国家上级政府不能够频繁利用命令体制来进行上级政府与下级政府之间的政策协调。在现行联邦制国家中，由于强调民主、自治，所以上级与下级政府之间大都以自发产生的共识为基础，在此之上实行诱导机制，以此来追求良好的政策效果、团结的政府机构、民主的管理方式等多方共赢，使得国家运行更加自主和开放。当然，以自发产生的共识和诱导机制为主，并不意味着联邦制国家不存在命令机制，对于特定的公共事务，如国防政策、外交政策等，联邦制国家也是以命令机制来实现政策的全面落实。

单一制国家划分为各个地方行政区划，其划分是国家根据统治需要，按一定原则进行区域划分的结果，国家主权先于各个行政区划存在，地方行政区不是一个政治实体，不具有任何主权特征。国家本身是一个统一的整体，只是为了便于管理，才把领土划分成若干行政区域，并据以建立起地方政权，地方的自主权或自治权是由国家整体通过宪法授予的，各地方政权一般没有单独退出该国的权利。我国是典型的单一制国家，此外，英国、法国、日本、意大利、韩国、朝鲜等都是单一制国家。

单一制国家的特质使得命令机制的存在概率是最大的，由于各地方行使的权力来源于中央授权，并不是地方固有，中央政府对地方政府是完全的领导与被领导的关系，中央政府出台公共政策到达地方政府的最常见方式是命令的方式，例如，中央政府的红头文件，中央政府出台的相关法律法规等，都对地方政府的何所为、何所不为做出了明确的批示，使得国家体制更加严谨，有利于加强上级政府和下级政府之间的粘合力。当然，多以命令机制运作的单一制国家也存在着共识与诱导机制，只是数量非常有限，而且存在的领域也大都不是至关重要的。

第 八 章

PART 8

不得不考虑的广泛博弈第二层：政府间财政关系

有时，把财政决策视为由单一政府做出的，非常有益。不过，在美国，有权征税和开支的实体，数目之多，令人吃惊。政府辖区大约有 89000 多个：1 个联邦政府，50 个州政府，3031 个县，19522 个市，16364 个镇，12884 个学区以及 37203 个特别行政区。州、地方和联邦政府之间的相互关系，在美国的财政制度中起着至关重要的作用。

——哈维 · S. 罗森

政策成本及其负担

公共政策成本与公共政策本身是不可分割的，从公共政策问题的形成伊始，政策成本就已经与公共政策如影随形。公共政策问题的形成与认定中，公共问题的提出、公共问题的分析、公共问题的认定；公共政策的规划与角色中，公共政策目标的制定、公共政策方案的规划、公共政策的抉择；公共政策执行中，公共政策执行的原则拟定、模型选择、执行过程中的约束资源、执行的偏差及纠正、执行机制的构建；公共政策评估与监控中，公共政策评估的过程、拟定标准的过程、公共政策的监控等诸多方面，都需要相当的财力支持，以支付公共政策过程中产生的文件印制费用、人员工资费用、通信费用等行政成本费用和政策执行产生的费用。

在以上诸多成本中，以数额来算，政策执行的成本占公共政策执行的绝大部分。原因是显而易见的，第一，从公共政策问题产生伊始一直到公共政策出台，这些步骤尽管烦琐、尽管复杂，但是这些过程始终在同一个政府阶层即上层政府的某个或某几个部门之间，没有太遥远的距离或者太繁杂的行政阶层；第二，这些过程都是公共政策模型中的前奏阶段，是停留在理论上的阶段，只有当公共政策问题真正开始着手解决，公共政策真正开始实施时，理论的实践工作才刚刚开始；第三，公共政策在由上级政府出台进入执行阶段后往往转移到下级政府，也就是说，在一般情况下，下级政府才是公共政策的真正执行者，这就决定了公共政策的执行要付出更多的支出：一是一个上级政府对多个下级政府，这种一对多的关系决定上级政府对下级政府的命令的传达，对下级政府公共政策执行过程中的检查和监督等工作必然产生一定的行政成本；二是公共政策针对的大都是社会基层问题，越是与基层与老百姓接近，问题就变得越具体，本着马克思主义具体问题具体分析的活的灵魂，下级政府必须在公共政策核心思想的指导下创新型、合理性地开展工作，政策本身的要求、既定的自然环境、复杂的社会环境和本身就烦琐的工作对公共政策的执行成本提出了更高的要求，这是政策执行成本中的重要组成部分，也是本书最为关注的一个角度。

政策资源：政策有效性与政策资源之间的匹配关系

政策执行需要有必要的财物资源的投入，充足的经费和优良的物质设备供给是公共政策执行的必要投资和重要条件。政策资源是决定政策行之有效的最重要的因素。一般来说，政策执行资源包括人力资源、信息资源、自然资源、财力资源等几个方面。

第一，人力资源。人力资源主要是指公共政策执行人员的配置问题，包括人力资源的选、育、用、留，人力资源的考核与考察，人力资源的素质优化，人力资源的自我学习与自我超越等方面的问题。其中，对专业人才和高素质人才的选拔是一个重要的课题。如何界定职位的需求，如何全方位立体式考察人才、选拔人才，如何界定人才必备的才能和素质，如何培养和优化现有在职人员，如何选拔高素质人才进入所需领域，都是人力资源方面需要不断考虑的课题。没有相应的人才，就很难实施相应的公共政策，人力资源在很大程度上制约着公共政策执行手段、执行效率等方面的实施。

第二，信息资源。随着社会的发展，信息资源的地位也逐渐彰显，并越来越重要。公共政策执行中一个最基本的原则就是上级政府与下级政府的信息对称性，一旦上级政府与下级政府的信息交流出现脱节，就会产生政策执行偏差。同时，上级政府如果在政策制定过程中没有掌握完全的信息，那么制定出来的公共政策会带有一定片面性，政策本身也会影响政策的最终执行。真实的、完整的信息是对公共政策执行的有力保障。

第三，自然资源。公共政策的执行受到自然资源的制约。恶劣的自然条件不是完全不能够改变，但是以不惜一切代价忽视自然条件的思想来制定公共政策必将付出庞大的政策执行成本，显然是不理智的。由于各地有不同的自然情况，因地制宜，具有一定范围内活动权数的政策才是更加理智的，在自然资源的基础上合理出台的公共政策也必然能够得到良好的实施。

第四，财力资源。政策执行需要有必要的财力资源的投入，充足的经费和优良的物质设备供给是公共政策执行的必要投资和重要条件。可以说没有财力的支持，公共政策在执行过程中会寸步难行。增加财力支持的根本当然是解放生产力，发展生产力，大力发展科学技术，提高我国经济发展水平和国库供给能力。与此同时，对现有财力的合理分配也是保障财力资源的一个重要举措，中央政府和地方政府之间严重的财政不平衡给公共政策的实施带来了比较严重的影响，如果能更加合理地分配中央政府和地方政府之间的财源，使得地方对公共政策实施有了良好的财力保障，那么对公共政策执行方面的积极影响是深远的。

政策资源在各个方面制约着公共政策的执行，公共政策应当在内容的制定上、在执行的过程中，本着与政策资源相协调的原则，才能使政策实施更加有保障。在内容的制定上，公共政策应当考虑到人力资源的专业技能和综合素质能否胜任政策规定的相应工作，信息资源是否充足是否完全，自然资源是否能够达到政策要求发展的相应水平，财力资源是否充足，是否考虑对长远目标进行分阶段实施以得到更加扎实的实施效果。在执行的过程中，应当在公共政策制定前为公共政策实施进行预算，在考虑公共政策财政预算和地方财政状况的基础之上，考虑为执行政策的部门或执行政策的下级政府提供相应的财力保障，切实保障公共政策的执行。从政策有效性角度分析可见，建立公共政策与政策资源的匹配机制是必要的。

物质资源和精神资源及其一定程度上的有限替代关系

也许有些研究者会提出这样的质疑，很多时候，在物质资源不足的情况下，依靠精神资源也可以起到一定的弥补作用，所以由此来推断政策有效性与政策资源的匹配机制是不必要的。

在以下篇幅中，笔者将对这个问题予以说明。公共政策的实际实施过程中的确出现过以上提到的这种情况，以我国经济发展为例。19 世纪五六十年代，新中国各方面发展都尚薄弱，当时党中央提出发展工业的宏伟计划，石油开采是其中的计划之一，虽然在当时，各个方面的条件都极其恶劣，人力资源方面没有相应的专家、没有专业的学者，财力资源方面没有高速发展的经济、没有赖以支撑的支柱产业，甚至连基本生活都无法保障，但是涌现出了铁人王进喜等全国劳动模范，我国也开采出了自己的石油，发展起自己的石油基地。这一例子说明，在物质资源不足时，依靠精神资源也是可以起到一定弥补作用的。

然而，这种弥补作用的程度是相当有限的，而且归根结底还是要有一定的物质资源为基础，并且没有稳定的发展趋势。首先，由精神资源替代物质资源这种做法的程度是相当有限的。精神资源对物质资源不可能无休止地替代，人的生存最终还是要依赖一定的物质资源，有了这种物质资源人才能够生存，才能够思考，才能够产生精神资源。其次，这种替代在一定程度上还是以物质资源为基础的。精神资源的产生以物质资源为基础，人的生存以物质资源为基础，没有了物质资源，精神资源便无从谈起。第三，这种替代作用没有稳定的发展趋势。精神资源的产生依靠的是人的思想，依靠的是精神的力量，在不同的历史情况下，在不同的民族中，在不同的人种中，在不同的个体之间，精神力量的大小程度是难以一致并难以衡量的，最重要的一点是，这种力量无法被外人所左右。所以，在一定的历史时期，面对同一种挑战，精神力量的给予是非常不稳定的，也没有固定的发展趋势。由以上分析可见，尽管物资资源和精神资源之间在一定程度上有有限的替代关系，但是鉴于这种替代关系仍然以物质资源为基础并且非常不稳定，所以建立政策与政策资源之间相匹配的机制还是非常必要的。

分级分税财政体制

政府职能与财政职能的关系

财政在国民经济中具有收入分配、经济稳定和资源配置三大职能。其中，收入分配和经济稳定两大职能具有全国性，因此多赋予中央政府，资源配置具有地方性，由其特质是较强的地域性和具体性，因此多赋予地方政府。

第一，资源配置。在市场经济体制下，经济社会资源的配置有两种方式来实现，即市场机制和政府机制。市场对资源的配置起基础性作用，但现实运行的市场机制存在公共产品、垄断、信息不对称、经济活动外部性等市场失灵的情况，并不能完全实现资源配置的最优化，需要政府发挥资源配置作用。资源配置职能与前两种职能不同，优化资源配置、调整投资结构等职能的实现，要由中央政府和地方政府共同承担。如前所述，地方性公共产品的提供是地方政府履行资源配置职能的主要方式，也即地方政府财政职能的主要方面。但是对于具有较强外部性的公共产品，除了考虑到地方居民的偏好外，还要考虑到公共产品提供的过程中要规避负的外部性、发扬正的外部性。

第二，收入分配。财政的收入分配职能是政府为了实现公平分配的目标，对市场经济形成的收入分配格局予以调整的职责和功能。收入分配这一财政职能主要由上级政府来实施，地方政府无法完全胜任的原因在于：一方面，地方政府不能利用财政手段实现个人之间再分配公平。首先，在市场经济条件下，人员、资金和商品具有充分的流动性，地方政府无法采用提高累进税率等中央政府能够采取的财政手段；其次，地方政府筹集收入再分配资金的手段有限。根据分税制下中央税和地方税税种划分的原则，具有再分配属性的所得税一般属于中央税，虽然地方政府拥有地方所得税的征税权，但税率往往较低，也限制了地方政府利用所得税进行收入再分配的能力；再次，地方政府之间讲求的公平与全国大范围内讲求的公平有一定差距，就全国范围内来讲，中央政府的全局战略和宏观调控能够帮助更好地实现财政收入分配的职能，落实其意义。另一方面，地方政府不能利用财政手段实现地区间收入再分配公平。各地区独立、平等，各自财政关系也本着平等原则，因而某个地区是没有权力从其他地区无偿获得财力的，此外，地方政府也没有能力对全国收入分配进行谋略，进行协调。中央政府才是利用财政手段实现地区间收入再分配公平性的主体。当然，在商品、资本和人员等要素的地区流动受到限制时，地方财政也具有一定的再分配功能，但同样发挥着不可替代的作用。

第三，经济稳定。在市场经济中，财政的经济稳定职能体现在三个方面，即实现充分就业、稳定物价水平、平衡国际收支。美国财政学家哈维·S. 罗森认为，没有一个州或地方政府大到可以影响整个经济活动的程度，这些职责应该由联邦政府来履行。中央政府有权利用货币政策和财政政策对经济进行宏观调控，同时辅以相应法律法规规范市场各方面行为，是实现经济稳定职能的主体。由于市场机制存在缺陷，为保证社会经济的正常运转，保持经济稳定发展，中央政府须利用财政工具进行宏观调控，主要包括货币政策和财政政策，后者即包括积极的财政政策、消极的财政政策、稳健的财政政策以及扩张的财政政策。在各种财政工具的作用下，当经济处于高峰期时，可抑制需求；当经济处于低谷时，刺激需求，促使经济复苏；在累进税等经济稳定器的作用下，减缓经济过度波动。当然，地方财政的收支是国家财政收支的一个重要组成部分，它也会对整个国家财政的收支规模、结构以及由此产生的宏观经济产生影响，因而地方政府对财政职能的实现也具有一定意义。

责任与能力相匹配

政府职能与财政职能息息相关，政府职能是财政职能实现的保障，财政职能的实现实际就是政府经济职能的实现。政府职能体现事权，财政职能的实现体现财权，政府职能与财政职能协调关系实现的最核心原则，即事权与财权相匹配。

第一，财政支出权的划分。事权其实就是政府责任，责任与能力相匹配，关于财政支出权的划分，西方财政学理论界有过深入探讨。

美国经济学者阿图·埃克斯坦（O.Eckstein）认为应更加重视公共决策程序问题。他认为与中央政府决策相比，地方政府的决策程序所需的时间更短并更有效。中央政府决策容易导致的问题是，政策本身是科学的，但由于决策程序链过长而错过了执行决策的最佳时机。与此相反，地方政府决策不仅能更加符合本地居民的利益，体现本地居民的偏好和习惯，而且执行决策的程序更直接，从而短时并有效。因此，他主张国防、外交、国家管理等财政支出由中央财政承担，而其他支出主要由地方财政负责。此外，埃克斯坦还认为公共产品的层次性问题是公共财政的重要内容，公共财政经济学最具有意义的问题之一，就是确定哪一级政府最适合于处理哪一项公共事务。美国经济学者塞利格曼（Seligman）在分析财政支出方面强调以效率为标准划分支出，与此同时，还提出规模较大的支出归中央财政，规模较小的支出归地方财政。美国财政学者费舍尔（Ronald C.Fisher）在分析地方财政支出时认为，外部性较小和地方性较强的公共产品，包括基础设施、警察、消防等，更适合于由地方政府提供。

现行财政体制遵循的是由英国学者巴斯特布尔（C.F.Bastable）提出的财政支出权划分的三项原则：（1）受益原则。凡政府提供的服务，其受益对象是全国公众，或事关国家范围内的整体利益，则支出应属中央财政的公共支出；凡其受益对象是不同级次范围的民众，或与地方利益有直接的关系，则支出应属于地方财政的公共支出。（2）行动原则。凡政府公共服务的实施在行动上必须统一规划的领域或财政活动，其支出应属于中央财政的公共支出；凡政府公共活动的实施必须是因地制宜的，其支出应属于地方财政的公共支出。(3)技术原则。凡政府活动或公共工程，其范围广、规模庞大，需要高度技术才能完成的项目，其支出应归属中央财政；一般性的而又需要适时进行监督的活动或公共工程，应归于地方财政支出。

根据各学者的理论结合各国的实践，中央政府和地方政府的事权和财权的一般划分模式可以为：国防、外交、国际贸易、稳定币值等全国性公共产品或服务隶属中央政府职责，相应地由中央政府享有财政支出权；交通、教育、卫生、警察、消防等地方性公共产品或服务隶属地方政府职责，相应地由地方政府享有财政支出权；环境保护、全国性交通等具有跨地区性外部效应的事项为中央和地方政府的共同责任，由中央和地方共同安排财政支出。

第二，财政收入权的划分。财政收入划分有两种基本的方法，即收入分成法和分税法，现行国际通行做法是按税种划分收入。

关于如何分税，美国财政学家塞利格曼和迪尤分别提出了以下原则，美国财政学家塞利格曼提出三条原则：(1)效率原则。该原则以征税效率的高低为划分标准。例如，所得税的征收对象为收入，但收入的所在地点会随着纳税人的流动而难以固定，并且人住在甲地，所在地可能在乙地，甚至遍及全国各地。这样，如把所得税划给地方政府，就显得麻烦。如果所得税划归中央政府，其征收较方便，征收效率自然就高。再如土地税以土地为征收对象。地方税务人员易于了解当时的情况，征收起来就方便得多，不易逃税。因此，西方国家一般将土地税划分为地方税。(2)适应原则。该原则以税基广狭为划分标准，税基广的税种归中央政府，税基狭的税种归地方政府。如印花税税基广泛应划属中央税；而房地产税的税基在房室所在区域，应属于地方税。(3)恰当原则。该原则以税收负担公平为划分标准。例如，所得税在西方国家就是为了使全国居民公平负担税收而设立的。这种税如由地方政府来征收，就难以达到上述目标，所以，所得税划归中央政府，才符合恰当原则。迪尤提出两项原则：(1)效率原则。内容与塞利格曼所提效率原则相同。(2)经济利益原则。该原则以增进经济利益为标准，认为税收是归中央政府还是地方政府，应以便利经济发展，不减少经济效益为标准。

分税分级财政管理体制是中央政府与地方政府财政收入权分配的主体内容，其基本特征之一是在各级政府之间按税种划分财政收入范围。按照分税制的原则，结合国外处理中央政府与地方政府的实践，分税的标准主要有以下三个方面：(1)以各个税种的收入量作为主要依据，即“大税归中央，小税归地方”。在以所得税为主的国家，一般将所得税划为中央政府的主要税源，代表性国家有美、澳、英、法等。而以流转税为主的国家，一般将流转税划为中央税或作为中央地方共享税，代表性国家有加拿大、德国等。(2)以财政事权划分为基础，将与全国性事权相关或利于宏观调控实施的税种划归中央政府，而将与地方性事权相关或便于地方政府征收管理的税种划归地方，并按照各国财政体制因地制宜设置共享税。典型代表国家有德国、加拿大等国，此外，美国、印度等国家也在部分税种中实行了共享税的形式，其原因涵盖了历史、政治、经济等多方面，而且各国共享税的分配比例和分配方法也不尽相同。（3）合理确定中央集中的程度，使分税后中央收入占全国财政收入的比重仍维持在一个较高的水平上，以利于其履行主要财政职能。虽然分税分级财政管理体制是现行较为合理的，但是财权适当集中是必要的，中央财政多收多补是行之有效的做法。各国大都采取多收多补的办法，但按照国情中央财政收入占全国财政收入的比重也不尽一致。如南斯拉夫、加拿大低于 50%；美国、德国、瑞士等国在 60% 到 70% 之间；瑞典、奥地利等国在 70% 到 80% 之间；英国、法国、澳大利亚等国为 80% 到 90% 之间；意大利、荷兰、比利时等高于 90%。值得注意的是，比对各国财权是否集中时，不能只观察绝对比例，也要注意财政支出和财政支出之间的相对比例。例如，加拿大中央政府财政收入的绝对比重虽不高，但由于中央政府支出比重更小，所以仍有一定的财力进行转移支付。

理论上来说，各个下级政府都有权利享有一定独立的收入来源，可是考虑到收入成本的问题，可以由一个机构收取，随后再分割。例如共享税其实是一个收入机关收缴，随后按照既定比例进行分成。但是值得注意的是，由于无论 GDP 额度、常住人口数量、外来人口数量、地域面积等权变因素如何不同，全国均使用统一的比例，这种分割并不都是合理的。此外，通过互联网等高科技技术手段还可以降低收入成本，增加净收入额。

财政联邦制

在现行的国体当中，不仅联邦制国家实行财政联邦制，单一制国家也将逐渐实行财政联邦制，目的在于建立中央政府与地方政府事权与财权相匹配的机制。

在政治职能中，中央政府与地方政府有着严格的层级，中央政府和地方政府有着各自的政治职能领域和各自所能够运用的职能实现手段。其中，最能够体现中央政府与地方政府联系的环节就是中央政府对地方政府各种形式的命令，最常见的形式有法律法规、行政法规、行政规章、各类文件等。中央政府的种种公共政策的出台，对地方政府行使政府职能有着深刻的影响。中央政府向下级政府委派的事权、建议的事权、规定的事权以及派生的事权，对地方政府人力、财力、技术、自然条件等方面提出了更高的要求和挑战，其中，财力方面的问题已经成为最大的制约因素。

财政联邦制度的核心思想是建立中央政府与地方政府合理的财源分配，使得中央政府和地方政府能够有足够的财力履行自己领域内的职能。但是现阶段，尤其是单一制国家中，中央政府向地方政府分摊事权的同时很少辅以财力支持，导致地方政府在日常工作中常常要做出这样的选择：履行领域内的职责，执行中央政府的命令，选择性地履行职责和执行命令。我国是单一制国家的代表，1994 年以来，我国由原有的财政体制逐步引入了分级分税财政体制，这一重要变革指明了我国财政体制改革的方向。在国体和政体的决定下，我国不会建立起完全仿照西方的财政联邦制，而应该是在自己的实际情况下，因地制宜，摸索改进，建立起具有中国特色的财政联邦制，以实现政府事权与财权的匹配机制，保证公共政策更加良好的实施。

财政转移支付及其支付额的确定

政府间财政转移支付及分类

政府间财政转移支付，是指中央政府与地方政府之间或者地方政府之间的财政收入的转移。广义的政府间财政转移支付不仅包括上级政府对下级政府的收入转移，也包括下级政府的收入向上级的转移；狭义的政府间财政转移支付是指上级政府的财政收入转作下级政府的收入来源以支付本级支出。一般采用狭义角度来定义。

中央与地方财政转移支付，属于政府间财政转移支付，是中央政府为满足地方政府完成地方事权和中央移交事权职责而让渡中央财政收入，从而解决中央与地方之间的财政纵向不平衡和地区之间的财政横向不平衡问题，实现中央的宏观调控目标。政府间转移支付的基本目标是引导社会利益结构趋向某种均衡状态，以避免社会成员之间利益严重失衡而导致公共风险加大，防范公共危机，但具体目标却是多元的。

按照不同的具体目标可以将转移支付划分为：第一，以均等化为目标的转移支付，即无论各地方政府财政能力如何，中央政府都应保证所有的公民都能享受到基本的公共服务而付出的转移支付；

第二，解决辖区间外溢性问题的转移支付，即辖区间外溢性是由辖区内收益成本与社会收益成本的不一致而导致的转移支付，主要用于缩小地方收益大于地方成本前提下社会成本过高导致的负外溢性和扩大地方收益小于地方成本前提下社会收益难以获得实现的正外溢性；第三，中央委托地方事务引致的转移支付，即由上级政府对下级政府的命令而产生的转移支付，从本书定义的角度来讲，这种转移支付也可以被称为“有资助命令”，与“无资助命令”相对；第四，以增强国家政治控制力为目标的转移支付，即基于政治需要而产生的转移支付，具体而言，转移支付的份额越大，表明上级政府对下级政府的影响力就越大，前者对后者的控制力也就越强。财政资源更多地直接由中央政府掌握，地方政府不得不在很大程度上仰赖于中央政府，这样，中央政府则可通过转移支付这种“软性方式”来规范和监督地方政府的行为，减少地方政府的机会主义倾向，在一定条件下也可提高财政支出的整体效率。

有资助命令与转移支付

有资助命令其实就是转移支付，如前所述第一部分是与命令没有关系的转移支付，与有资助命令和无资助命令都没有关系也需要转移支付，因为转移支付最大的基础是溢出效应，有很多没有什么特殊的委托，因为它承担了一些全国性事务，或者某些地方政府公共服务外地人分享得比较多，如外来人口数量巨大的首都北京，如给予贫困县特殊的补助等。与上级政府有无指令不大相关。接近于无条件转移支付。无条件转移支付加上有资助命令转移支付，无资助命令，才构成完整的转移支付。

中央委托地方事务或者说上级政府委托下级政府事务产生的转移支付又可以被称为有资助命令转移支付，因为这种转移支付由上级政府对下级政府委托事务的命令所引发，在给予命令的同时对执行命令所使用的财力资源同步落实，以保障命令的无障碍执行。

从本书第三章第一节的论述中不难理解上级政府委托下级政府事务现象产生的原因，上级政府与下级政府事权的划分不同，对于某些事务，下级政府的执行往往更加有效率、更加易于控制，所以受到上级政府的委托。正如本书第二章所述，上级政府对下级政府事务委托的形式，即上级政府与下级政府间协调的方式有基于共识的、基于命令的和介于两者之间的，而在以我国为代表的单一制国家中，基于命令的方式被得到广泛应用。

从本书的角度，基于命令的方式可以分为有资助命令与无资助命令，有资助命令在财政体制运行中产生了转移支付，保障了该命令的有效执行，而无资助命令没有任何财政资助，仅仅依靠下级政府财政自行解决，往往难以落实。

尽管从这个角度来看，有资助命令比无资助命令更加合理，但是从美国对无资助命令的研究和应用表明，并非所有命令都适于有资助命令。最典型的例子就是国防、军事、对残疾人基本生活的救济援助及宪法规定等特别领域，无资助命令的产生是不受任何约束的，无论在何种情况下，有资助还是无资助，下级政府都应当无条件尽所能地完成，因为这些方面对国家和社会起着举足轻重的作用，而且这些项目产生的外部性是广泛的。

除以上特例外，有资助命令还有一个天生的约束，就是有资助命令可以支配的转移支付的数额。有资助命令的运作模式较无资助命令要复杂很多，最重要的一点表现在有资助命令要考虑转移支付数额的问题。有资助命令从产生伊始就注定是由上级政府产生到达下级政府的，这是上级政府对下级政府事务的委托，从这个角度上来讲，上级政府应当对下级政府进行资助，但与此同时，这些事务的落实受益方是下级政府，即下级政府一方面是在执行上级政府给予的命令，另一方面也是为自己的发展贡献理所当然的一分力量，从这个角度上来讲，上级政府对下级政府的资助可以是全部的也可以是部分的，因为由受益方自己解决一部分经费也是合理的。以上也是无资助命令转移支付数额讨论的必要原因。

有资助命令转移支付数额的确定

关于有资助命令转移支付数额的确定方面，借鉴美国对无资助命令约束其向有资助命令转化的做法，一项命令在出台之前，应当由国会财政预算办公室进行全面预算，并必须公布此项预算分析结果，同时任何预计产生无资助命令的法律法规都要与州、地方政府及法院进行协商。

可见，国会财政预算办公室公示的预算结果是该项有资助命令转移支付数额确定的基础，根据命令涉及事务性质的不同，确定上级与下级政府之间支付的比例如何确定，例如从外溢性的角度来说，该项命令如果涉及下级政府的地方利益大于地方成本，地方对此事务的行为意愿性很高，但是此项事务如果做过了头，便会在很大程度上对社会成本造成负担，那么上级政府可以考虑少资助或不资助，甚至在必要对地方政府的行为通过财政手段等进行限制；相反，如果该项命令涉及下级政府的地方利益小于地方成本，地方对此事务的行为带有排斥性，但是此项事务的进展对于社会利益来讲有很大的促进作用，那么上级政府就应当主动分担多的那一部分执行费用，而让地方政府的负担减轻，在不伤害地方财政正常运转的情况下达到预期效果。

第 九 章

PART 9

无资助命令的全体系分类与比较分析

我认为政治制度，必然得自根自生。纵使有些可以从国外移来，也必然先与其本国传统，有一番融合媾通，才能真实发生相当的作用。否则无生命的政治，无配合的制度，决然无法长成。换言之，制度必须与人事相配合。

——钱穆

按照本书以上分析，笔者认为无资助命令的第一维度是命令的强弱、第二维度是无资助的程度、第三维度是命令的清晰度，按照这三个维度，可以将无资助命令进行全体系的分类。在这个分类的基础上，我们就可以对不同类型的无资助命令进行相应的分析。而实际上，不同类型的无资助命令除了自身所具有特征的差异性以外，还会受到相关博弈关系的影响，本章将试对这种影响可能产生的权变分析一二。

一　无资助命令基于第一维度与第二维度的分类与分析

如上所述，无资助命令的第一维度是命令的强弱、第二维度是无资助的程度。基于第一维度，命令在第一层次上首先分为强命令和弱命令，而继续嵌入是否基于共识的要素分析，可以继续在第二层次上划分为：基于共识的强命令、基于命令的强命令、介于两者之间的强命令，基于共识的弱命令、基于命令的弱命令、介于两者之间的弱命令。而基于第二维度，无资助可以分为名义上的资助和实际上的资助，但是根据上文的分析，对命令有无资助的判断应当基于实际上是否有无资助来进行，所以我们可以将第二维度分为实际完全无资助、实际有部分资助、实际完全有资助三个方面。鉴于此，我们可以得到以下分类。

首先，我们可以得到基于命令强弱和无资助程度对命令的分类。

表 9-1　基于命令强弱和无资助程度对命令的分类

	实际完全有资助	实际有部分资助	实际完全无资助
强命令	正常命令（实际完全有资助的强命令）	强无资助命令（实际有部分资助的强命令）	强无资助命令（实际完全无资助的强命令）
弱命令	正常命令（实际完全有资助的弱命令）	正常命令（实际有部分资助的弱命令）	弱无资助命令（实际完全无资助的弱命令）

如表 9-1 所示，基于第一维度和第二维度，我们首先可以将命令分为六种类型：一是实际完全有资助的强命令，这种命令虽然是强命令，但是由于能够得到全部资助，从而能够在体制机制内正常运转，属于正常命令的范畴；二是实际完全有资助的弱命令，这种命令是弱命令，本来对命令的执行要求就没有那么高，再加上有全部资助，从而也能够在体制机制内正常运转，也可划入正常命令的范畴；三是实际只有部分资助的强命令，由于是强命令，所以对命令执行的结果和标准要求非常高，但是由于只有部分资助，这就意味着资助或者不足，或者只有启动资金，或者设定了某种条件等等，导致强命令所需要的资助不足，所以可划入强无资助命令；四是实际有部分资助的弱命令，虽然同样没有足够的资助，但是由于自身是弱命令，所以对命令执行的结果和标准要求平平，甚至可能不做追究，这种命令虽然在学理上似乎应当归为无资助命令的范畴，但

在实践中实际上往往体现为正常命令，不具备什么无资助命令的特点；五是实际完全无资助的强命令，这种命令要求高、标准高却明确规定没有资助，这种命令显然属于强无资助命令；六是实际完全无资助的弱命令，这种命令虽然属于弱命令，不具有太高的要求和标准，甚至上级政府也不会做出太过计较的作为，但是毕竟属于命令的范畴，事情还是需要落实的，适合划入弱无资助命令的范畴。

接着，为了更加便于对无资助命令执行力的观察，我们还可以继续得到嵌入共识要素之后的基于命令强弱和无资助程度对无资助命令进行的分类。

表 9–2　基于命令强弱和无资助程度对命令的分类（嵌入共识要素后）

	实际完全有资助	实际有部分资助	实际完全无资助
共识强命令	A 正常命令 （实际完全有资助的共识强命令）	B 强无资助命令 （实际有部分资助的共识强命令）	C 强无资助命令 （实际完全无资助的共识强命令）
命令强命令	A– 正常命令 （实际完全有资助的命令强命令）	B–– 强无资助命令 （实际有部分资助的命令强命令）	C– 强无资助命令 （实际完全无资助的命令强命令）
之间的强命令	A– 正常命令 （实际完全有资助的介于两者之间的强命令）	B– 强无资助命令 （实际有部分资助的介于两者之间的强命令）	C– 强无资助命令 （实际完全无资助的介于两者之间的强命令）
共识弱命令	A– 正常命令 （实际完全有资助的共识弱命令）	A– 正常命令 （实际有部分资助的共识弱命令）	D 弱无资助命令 （实际完全无资助的共识弱命令）

续表

/	实际完全有资助	实际有部分资助	实际完全无资助
命令弱命令	A– 正常命令 （实际完全有资助的命令弱命令）	A– 正常命令 （实际有部分资助的命令弱命令）	D– 弱无资助命令 （实际完全无资助的命令弱命令）
之间的弱命令	A– 正常命令 （实际完全有资助的介于两者之间的弱命令）	A– 正常命令 （实际有部分资助的介于两者之间的弱命令）	D– 弱无资助命令 （实际完全无资助的介于两者之间的弱命令）

说明：表格中的 A、B、C、D 依次分别代表执行力的由强到弱，A–、A––、A––– 依次分别代表执行力的由强到弱，B、C、D 的变形与 A 的变形含义相同。

基于表 9–2 的分析，对嵌入共识要素后的基于命令强弱和无资助程度的命令分类可以进一步对命令的执行力做出相关分析。按照这种分类，执行力的强度可以分为四种不同的程度，我们可以用 A、B、C、D 四个字母依次分别表示执行力的由强到弱，并且在每一个相同的程度等级上，用 A–、A––、A––– 依次分别表示执行力的由强到弱，那么可以做出以下总结：第一，无论一项命令是否基于共识，只要是实际完全有资助的，那么这项命令就是具有正常命令的执行力的，如果我们将这个等级定位 A，就可以方便地观察到，无论是基于共识的强命令，还是基于共识的弱命令，只要是有实际完全有资助的命令，就都属于 A 级，只不过在这些命令当中，共识强度越高执行力随之也越强。除此之外，实际只有部分资助的弱命令也具有A级的执行力，只不过整体的执行力度要比实际完全有资助的命令要更差一些，但也是完全可以执行的，其中当然也存在共识强度越高执行力也随之越强的现象。第二，实际完全无资助的弱命令在所有命令类型当中执行力最弱，我们将这种等级定位D级，换言之，弱无资助命令的执行力是最差的，这显然由两个方面导致，一方面该命令没有那么高的要求，另一方面该命令也没有相关资助，通俗说来就是，既没人管，又没有钱，所以执行力是最差的。第三，对于同样属于强无资助命令的命令类型而言，实际有部分资助的无资助命令还是比实际完全无资助的无资助命令执行力要更高。第四，对于所有执行力类型而言，实际完全无资助的命令强命令虽然执行力程度不是最低的，但却是对体制机制而言危害最大的，是最值得注意的。实际上，凡属于实际完全无资助的强命令范畴的命令，都具有这种特点，但是如果能够基于一定程度上的共识，那么这种矛盾就能得到一定程度上的缓解，而实际完全无资助的命令强命令是没有任何缓和余地的。通俗说来就是，既要求必须执行，又没有钱，还是特别不愿意做的领域，是最令下级政府难受的一种命令种类，也是在体制机制运行当中最应当极力避免出现的一种命令类型了。

加入第三维度的无资助命令分类与分析

如上所述，无资助命令的第三维度是命令的清晰度。基于这一维度，可以将命令分为高清晰的命令和低清晰的命令，而且我们已经在上文中基于清晰和资助为属性对命令进行了分类，可以分为高清晰的有资助命令、高清晰的无资助命令、低清晰的有资助命令和低清晰的无资助命令。实际上，如果将这种分类嵌入本章以上分析当中，可以继续得到以下两种详细分类（详见表 9-3 和表 9-4）。

表 9-3　基于命令强弱程度和清晰度的命令分类

	强命令	弱命令
高清晰	高清晰的强命令	高清晰的弱命令
低清晰	低清晰的强命令	低清晰的弱命令

表 9-4　基于有资助程度和清晰度的命令分类

	实际完全有资助	实际有部分资助	实际完全无资助
高清晰	高清晰的实际完全有资助的命令	高清晰的实际有部分资助的命令	高清晰的实际完全无资助的命令
低清晰	低清晰的实际完全有资助的命令	低清晰的实际有部分资助的命令	低清晰的实际完全无资助的命令

从表 9-3 和表 9-4 的两种分类，我们不难看出，命令的清晰度与命令强弱、有资助程度进行组合，可以得到六种命令类型，分别为：高清晰的强命令和低清晰的强命令，高清晰的弱命令和低清晰的弱命令，高清晰的有资助命令和低清晰的有资助命令，高清晰的有部分资助的命令和低清晰的有部分资助的命令，高清晰的无资助命令和低清晰的无资助命令。这种分析告诉我们，命令的强弱与

有资助程度的组合可能会改变某一项命令究竟应该被划为正常命令还是应该被划入无资助命令，而命令的清晰度与有资助程度的组合则不会改变命令的这种性质，它更多与命令的强弱程度相关，在与命令的强弱程度进行组合之后，我们会更便于观察这种命令对体制机制的影响是怎样的，该项命令联通的政策监控成本究竟是更高还是更低。鉴于此，我们实际上可以根据命令强弱程度与无资助程度两种维度的分类分析将无资助命令提炼为两种典型分类，一种是强无资助命令，另一种是弱无资助命令。其中，强无资助命令又有两种类型，一种是有部分资助的强命令，另一种是完全无资助的强命令。而这几种无资助命令本身又可以继续基于是否具有共识进行细化分类。

为了进一步认识无资助命令这一概念，我们可以继续在以上分析的基础上，将强无资助命令和弱无资助命令的分类与命令的清晰度分类结合起来，这种分类显然更具有意义，具体分类如下（详见表 9–5）。

表 9–5　基于命令强弱程度和清晰度的无资助命令分类

	强无资助命令	弱无资助命令
高清晰	高清晰的强无资助命令	高清晰的弱无资助命令
低清晰	低清晰的强无资助命令	低清晰的弱无资助命令

表 9–6　基于命令强弱程度和清晰度的无资助命令分类

（细化强无资助命令后）

	强无资助命令		弱无资助命令
	有部分资助	完全无资助	
高清晰	高清晰的有部分资助的强无资助命令	高清晰的完全无资助的强无资助命令	高清晰的弱无资助命令
低清晰	低清晰的有部分资助的强无资助命令	低清晰的完全无资助的强无资助命令	低清晰的弱无资助命令

如表 9–6 所示，在细化强无资助命令的基础上，无资助命令可以最终细化为六种分类：第一，高清晰的有部分资助的强无资助命令；第二，低清晰的有部分资助的强无资助命令；第三，高清晰的完全无资助的强无资助命令；第四，低清晰的完全无资助的强无资助命令；第五，高清晰的弱无资助命令；第六，低清晰的弱无资助命令。

以上无资助命令的分类虽然在不同的经济体当中，在不同的财政体制当中，在不同的实践情况当中，会有不同的表现，但也存在着一定的规律。高清晰的完全无资助的强无资助命令是最明确、最强、最清晰、最无资助的一种命令类型，但是它对体制机制的损害却不是最坏的，因为它的命令非常清晰，所以它非常容易进行政策监控，由于它完全无资助，所以在各级下级政府之间不容易产生不公平，而因为它是强命令，所以它必须完全执行，所以很容易追踪和控制，总结来看就是更容易观察和采取相应扭转措施。如果按照这种思考逻辑继续进行，那些不太清晰却又必须落实的命令，那些有部分资助却又非常不明确但是又必须执行的命令，会在更大程度上具有隐性、不容易追踪、不容易监控、不容易控制等特征，这种命令对体制机制的损害可能会更大，而在实践中，这样的命令往往在无资助命令数量的绝大多数。尽管本书由于受到时间、篇幅和研究深入程度的限制，没能提供继续深入思考的成果，但是这一点是特别值得我们继续挖掘和研究的。

上级政府无资助命令对下级政府的影响

无论是高清晰程度的无资助命令还是低清晰程度的无资助命令都对下级政府产生了一定的影响，如果不考虑程度因素，那么无论是高清晰程度的无资助命令还是低清晰程度的无资助命令，其对下级政府影响的方式是非常近似的。我们可以将这种影响分两个部分来考察，即无资助命令对财政支出的影响和无资助命令对财政收入的影响。

无资助命令对财政支出的影响

财政支出主要包括购买性支出和转移性支出，其中购买性支出主要包括社会消费性支出和财政投资性支出两个方面，转移性支出主要包括社会保障支出、财政补贴和税收支出等方面。无资助命令的产生和实施对财政支出的影响表现较为突出，依笔者之见，可以将其概括为两个方面：一，对上级政府转移性支出的影响；二，对下级政府购买性支出和转移性支出的影响。

第一，无资助命令对上级政府转移性支出的影响。首先，无资助命令的存在使上级政府实际转移支出额偏小。根据命令的刚性和自上而下的方向性，无资助命令由上级产生而后向下级传递，由于在命令产生伊始并没有赋予命令一定的配套财力，那么按照无资助命令的规定，上级政府在下达此命令的同时没有义务同时对下级政府进行转移性支出。虽然在实际执行过程中，也有部分上级政府出于对命令重要性的认识和对下级政府承受能力的不完全信任而赋予某些无资助命令以一定的财力，但是这些情况是少数，而且上级政府提供的财力往往是不足的，对于下级政府可谓杯水车薪，难以解决实际问题。显然，带有无资助命令性质的上级政府公共政策一旦存在，上级政府财政支出中转移性支出的实际支付额会小于理论需要额，这种差额与无资助命令需求财力的大小和无资助命令的数量成正比。其次，无资助命令的存在影响上级政府转移性支出的结构。上级政府转移性支出主要包括社会保障支出、财政补贴、税收支出等方面，随着公共财政体制框架的建立，上级政府转移性支出由专款专用的专项转移性支出向一般性转移支出流动，意在形成习惯性稳定的转移性支出结构，对地方政府财政形成稳定财源补贴，从而为解决民生问题形成可靠保障。无资助命令会导致该命令领域财源的缺失：一方面，以达成命令为目标的行为会弥补这种缺失，而对于当年财政而言只有两个合法手段能够解决，即拆东墙补西墙或向上级政府伸手，这势必会影响到上级转移性支出项目和数额的比例，影响转移性支出的结构。另一方面，以敷衍命令为目标的行为会无视这种缺失，但是这种行为意味着同时无视了命令实施的结果，即解决社会问题，将导致社会问题继续存在甚至恶化。

第二，无资助命令对下级政府财政支出的影响。无资助命令对下级政府财政支出，无论是对购买性支出还是转移性支出的影响都是广泛的，自 1994 年实行分税制财政体制改革以来，分级分税财政体制在不断进步和完善，但是其不够稳定的问题一直存在，而不够稳定的原因之一便是财权在上一级政府集中而事权在下一级政府集中，无资助命令的存在无疑是导致这种不良现象的一个重要因素。在此，笔者认为无资助命令对下级政府购买性支出和转移性支出影响的划分并不是非常明显或是有规律的，也就是说，在这一问题中笔者认为将其严格划分为对购买性支出和转移性支出来讨论是不尽合理的。因为无资助命令对下级政府财政支出的影响主要表现在购买性支出还是转移性支出或是两者并重，主要取决于无资助命令内容涉及的领域、项目、金额以及部门和层级。但是即使无法严格分类，无资助命令对下级政府财政支出影响的存在也是肯定的，而且这种影响多数是消极方面的。首先，无资助命令使下级政府财政支出负担加重。无资助命令的存在使本来就存在的财权在上一级政府集中而事权在下一级政府集中的结构矛盾恶化，原因是无资助命令本质上就是没有赋予财权的事权，而这种事权的来源是上级政府而落脚点是下级政府，即无资助命令产生和下移的过程同时也是将上级政府事权向下级政府转移而财权仍存留的过程。其次，无资助命令的存在是下级政府选择性财政支出的源头。本来不富余的地方财政加上无资助命令的影响，会导致下级政府面临必然进行的无奈选择。对于所有的政策而言，都是需要地方财政支持的，无论地方财政支出这笔钱的时候使用的是国家专项拨款还是地方自给财政。在财政压力过大的情况下，地方政府对命令的选择性执行或不执行将会必然出现，与命令的选择性执行和不执行行为相伴随的便是财政的选择性支出。

总之，无资助命令对财政支出的负面影响是广泛的，它肢解了地方财政，肢解了下级政府统一支配财政资金的能力，根本就达不到这种要求，基层政府的资金根本上是不足的，不仅影响到上级政府的财政支出，而且影响到下级政府的财政支出，不仅影响到购买性支出，而且影响到转移性支出，尽管无资助命令能够使上级政府出台政策方便、快捷，但是其对财政支出带来的危害，远超出其优势。

无资助命令对财政收入的影响

除了对财政支出的广泛影响以外，无资助命令对财政收入的影响也是存在的。以对比的角度来考察此问题的话，可以分为两个方面：一，财政性要求；二，地方性对策。

第一，财政性要求。财政收入的来源有税利债费，其中，税收是财政收入的主题。从 1978 年到 20 世纪 90 年代初期，财政以放权让利为改革突破口，开始向市场经济体制转轨，中央政府一手操办和吃大锅饭的状态就此打破，中央财政和地方财政逐步分化。随着分级分税财政体制的建立，中央财政和地方财政从财政支出到财政收入都有了较为完备的体制，中央和地方的财政收入来源也有着明确的规定和体制运作方式。例如对于税收，中央税收种类和地方税收种类有着严格的财政性规定：中央税即属于中央固定财政收入，由中央集中管理和使用的税种。具体来说，中央税包括下列税种：关税，海关代征消费税和增值税，消费税，中央企业所得税，地方银行和外资银行及非银行金融企业所得税，铁道部门、各银行总行、各保险总公司等集中交纳的收入（包括营业税、所得税、利润和城市维护建设税），车辆购置税。地方税即属于地方固定财政收入，由地方管理和使用的税种。具体说来，地方税包括下列税种：营业税（不含铁道部门、各银行总行、各保险总公司集中交纳的营业税），地方企业所得税（不含上述地方银行和外资银行及非银行金融企业所得税），个人所得税，城镇土地使用税，固定资产投资方向调节税，城市维护建设税（不含铁道部门、各银行总行、各保险总公司集中交纳的部分），房产税，车船使用税，印花税，屠宰费，农牧业税，对农业特产收入征收的农业税（简称农业特产税），耕地占用税，契税，遗产或赠予税，土地增值税。中央地方共享税即由中央和地方共同管理和使用的税种。具体说来，中央地方共享税包括下列税种：增值税、资源税、证券交易税等。增值税中央分享 75%，地方分享 25%。资源税按不同的资源品种划分，部分资源税作为地方收入，海洋石油资源税作为中央收入。证券交易税，中央与地方各分享 50%。

第二，地方性对策。假设没有无资助命令，所有的命令都是正常的有资助命令，那么按照财政性要求规定的财政收入，地方政府理论上能够完成自己辖区内的事权，由上级政府转移下来的事权有相应的财权配套，从而地方政府也能够完成，即地方政府理论上能够完成所承担的事权。但是在无资助命令的作用下，地方政府的事权过多而财权不足，难以完成所承担的全部事务，与此同时，由于上级政府财政富余，引发更多的财政项目的支出即财政事权的产生，致使地方政府承担的事权越来越多。如前文所述，面对无力完全承担的事权，地方政府处于两难境地。一方面，使用合法手段，那么将必然面临选择性执行和不执行。在这种情况下，地方政府只能拆东墙补西墙，执行清晰度高、审查力度大的命令，放弃清晰度低、风险较小的命令，无论该命令对于民生而言是何种后果。另一方面，使用非法手段，那么地方政府会出现财政收入上的地方性对策，即乱收费现象。在财政转型和完善时期，乱收费现象在各个地区、各个领域曾经是广泛存在的，现在从无资助命令的角度重新审视乱收费现象，可以发现，乱收费虽然从法律法规和行政规章角度而言是不合理的，但是对于地方政府为了执行手中所有事权而做出的不得已选择来说，又是有一定道理可言的。这就告诉我们，杜绝乱收费现象的手段远不能仅仅停留在加大执法力度、加大审查力度、加大打击手段等表面现象上，而应当深入其中，对乱收费现象的源头进行根治，其中一个重要的手段便是转变无资助命令，使下级财政真正能够承担其事权，亟待消除内在性和体制性问题。

第 十 章

PART 10

美国无资助命令的案例现象与解决方案

洪武二十一年（1388），朱元璋亲自指示，让人民纳税实物不入仓库，直接供应于军士的家庭，军士则不再发给军饷，并规定先在应天府抽派若干税民，和金吾卫的五千军士对口。试验一年以后，朱元璋认为成绩良好，乃通令全国一体施行。这一办法之脱离实际，窒碍难通，自不待言而自明，于是只好虎头蛇尾，销声匿迹。

——黄仁宇

在美国，从 1957 年《民权法》(the Civil Rights Act of 1957)、1964 年《民权法》(the Civil Rights Act of 1964) 和 1965 年《选举权法》(the Voting Rights Act of 1965) 开始，联邦政府陆续设计的许多法律都要求州政府和地方政府花费自己的可支配资助金来达成联邦政府制定的一些目标。在 20 世纪 70 年代期间，联邦政府又继续规定了需要州和地方政府进行落实的教育、医疗和环保项目，而由于这些项目都是太过常规的具有持续性支出性质的支出项目，州和地方政府如果要达到联邦政府所要求达到的目标，需要付出很多财政支出，联邦政府虽然也对这些项目给予一定的财政支持，但是与州和地方政府的实际花费相比，这种财政支持仅能覆盖州和地方政府花费三分之一都不到，构成了典型的无资助命令。而随着联邦政府类似的命令越来越多，州和地方政府受到的约束和管制也越来越多。在里根执政时期，类似这种的行政命令得以细致统计，数量达到了 12291 条，再加上 1981 年《估算法》(the State and Local Cost Estimate Act of 1981) 得以实施，使得联邦政府无资助命令实际上对州和地方政府落实成本造成的具体增加数额得以计算。而对联邦政府命令进行的更多改革是通过 1995 年出台的《无资助命令改革法》来落实的，这一法案的出台实际上促进了美国国会对政府之间以及政府和私人部门之间存在的无资助命令产生的成本花费进行更多关注。

美国无资助命令的典型案例

纽约前市长爱德华·I. 科赫（Edward I. Koch）曾说，命令（mandates）是压在地方政府身上的"大石头"（波斯纳，1998）。在美国，无资助命令的涉及范围很广，按照1993年普华永道的统计，当年仅众多无资助命令中的12条命令，其所造成的花费就达到了48亿美元，可见体量之大。我们可以从以下典型案例对美国无资助命令观察一二。

案例一："净化空气"项目

美国环境保护局（the United States Environmental Protection Agency，EPA）在1963年通过了《净化空气法》（Clean Air Act），来支持其进行空气污染文艺和解决方案的项目研究。美国环境保护局通过这项法律得到了一种实质上的权力，那就是对空气质量进行研究。1970年12月，美国对《净化空气法》进行了修订，在这项法律当中设定了一个标准，叫作"国家环境空气质量标准"（the National Ambient Air Quality Standards，NAAQS）。这项标准的制定，虽然看上去只是对机动车排放控制的一种要求，但从体制机制视角看来，实际上扩大、修订和加强了美国环境保护局的相关权力。在1970年法律的基础上，1990年的修订进一步提升了这一标准，并且进一步扩大了美国环境保护局的相关权力。对"净化空气"相关法律的修订，带来了一系列的项目支出，而美国环境保护局随着标准的设定和提高而越来越大的权力，也越来越多地以无资助命令的形式要求州和地方政府实施相应的计划来达到美国国家环境保护局这一联邦政府所设定的标准，但是美国环境保护局实际上没有对这种命令要求支付相关的足额经费。

案例二："残疾人保障"项目

1990年《美国残疾人保障法》明确规定严禁歧视残疾人，并做出相应要求，要求各州和地方既有的公共设施要进行无障碍改造，而新设备则要求符合无障碍要求，而且还要求如果私人公司里聘请残疾人员工，那么就要提供所有一切残疾人员工无障碍的设备和物品。税收减免方面也对那些雇用了残疾人职员的企业做出了特殊优惠规定。在这些相关命令规定中，州政府和当地雇员公司都被要求支付相应的成本费用来满足相关的要求，用来提供新设备、改造旧设备以及其他残疾人无障碍需要的物品等等，这些命令都是以法律的形式在联邦政府层面形成的，但是其在州和地方政府层面进行落实的时候，联邦政府并没有为此支付任何相关资金支持，这些无资助命令的财政压力主要都落在了州和地方政府层面。

案例三："公共医疗补助"项目

美国的公共医疗补助是为低收入家庭和人群提供的一种基本医疗保障服务。这一补助项目是由联邦和州政府联合资助的，但是却是全部在州政府一级进行落实的。联邦政府提供的资助金额仅能覆盖基本公共医疗补助所用全部费用的一半都不到，而其他绝大多数费用都得州政府层面自己补足。由于相关标准主要是在联邦政府层面决定的，但是绝大多数是费用都由州政府来承担，所以这就导致随着联邦政府制定标准的逐年提高，州政府的花费也是越来越大。尽管很多人认为美国的公共医疗补助项目并不是典型的无资助命令，因为这项命令是联邦和州政府联合资助的，而且州政府是否加入联邦计划也在一定程度上具有可选择的余地，或者说是自愿的，但是我们认为，这种作为基本公共医疗补助的项目实际上并没有多大的选择余地，而且如果一旦州政府层面因为财政资金不足的问题而放弃加入联邦计划，那么势必会出现越穷的州越无法得到联邦政府支持资金的现象，会引发马太效应。因此，基本公共医疗补助项目还是应当作为比较典型的无资助命令现象来看待的。

案例四："不让一个孩子落后"项目

《不让一个儿童落后法》是美国在 2001 年通过的法案，这个法案的目的就在于要更多关注美国的公共教育质量，弥合因为贫富差距而导致的学生之间的教育差距。这部法案要求所有的学校都要接受联邦政府的资助，来建立一种全州范围内都适用的公共教育标准测试体系，在每年年末进行。如果在测试中，学生没能表现出一种明显提高的趋势，那么他们所在的学校就会被要求去参加提升教育质量的培训，被要求去聘请更高质量的教师，或者去培训如何激励学生学习。如果想要继续接受联邦政府的奖补，那么州政府就必须去落实这些计划，去提升自己辖区范围内学校的教育质量，保障公共教育质量稳步提升。“不让一个孩子落后”的相关项目涉及的命令要去州政府自己提供经费去提升辖区范围内学校的教学质量，虽然名义上联邦政府会提供奖补，但是这种奖补为州政府设定了一个必须达到的条件，而达到这些条件州政府必须自行花费财政预算来完成。这也是一种典型的无资助命令现象。

对无资助命令的批评

由于无资助命令越来越多，已经成为一种无法忽视的存在，所以在美国学界，针对无资助命令的批评也越来越多。这些批评指出，无资助命令造成了行政体制机制运行的无效率，并且造成了州和地方政府之间横向比较过程中的不公平，尤其是对那些更穷的政府、更小的政府非常不公平。与此同时，许多学者指出，许多地方政府都不认同很多无资助命令的目标，而且也不认同这种达成目标的方式。这些学者认为在这种前提下，联邦命令的目标很难真正达成，在进行的过程中也会在很大程度上造成无效率。州和地方政府往往对无资助命令缺乏共识，而且在执行这种命令的过程中通常会倾向于放任更高额费用的发生，而不是极力去控制这种行政成本。

美国无资助命令的解决方案

美国先后在 1995 年和 2015 年两年颁布了两部法案，1995 年的《无资助命令法》和 2015 年的《无资助命令及信息透明法》。

1995 年《无资助命令法》

1995 年《无资助命令法》允许美国国会在立法范围内削减无资助命令，如果这些无资助命令导致的预算费用超过了国会预算办公室估计的阈值。《无资助命令法》不适用于“联邦政府的有条件援助；自愿参与联邦计划的义务；独立监管机构颁布的规则；没有拟议制定规则的一般通知的规则；还有安歇包括个人宪法权利、歧视、紧急援助、授予会计和审计程序、国家安全、条约义务和社会保障等要素的规则和立法规定。”

《无资助命令法》的出台在一定程度上受到了争议。虽然这项法律已经出台，但是却没有对无资助命令的总体量进行相关规定和相关研究，无资助命令的总体影响其实仍然是不清不楚，而且很多人认为该立法究竟能够在限制联邦政府对州和地方政府的无资助命令下减轻州和地方政府负担方面究竟发挥了多大效力，以及无资助命令受到这种严格限制的必要性究竟何在，并没有从数据层面和逻辑层面完全阐述清楚。因此，这些人对该法案的有效性表示怀疑。而该法案的支持者则认为，尽管有这样或者那样的问题，但是法案毕竟为无资助命令提供了一种可供选择的限制性途径，仍然需要通过《无资助命令法》来限制对州和地方政府层面强加义务并造成较高成本和较低效率的那些无资助命令。

2015 年《无资助命令及信息透明法》

《无资助命令及信息透明法》是为了修改 1995 年的《无资助命令法》而制定的，这部法案要求国会预算办公室（CBO）将立法中发布命令的资金水平与进行任何修改的成本进行比较。

第 十 一 章

PART 11

转变无资助命令的学理思考：构建公共政策与财政资源匹配机制

我乐于承认，我的大部分讨论可能被看作是一种坐在扶手椅中的猜想。我很高兴接受这一称号，因为，事实上，这事能将没中因素都考虑到，建立一个范围广泛的、内在一致的体系的方式。为此，我从不担心实施我的理论的客观后果。理论中有多少——或是否有一些——可以在最近的将来在实际中应用，实践者可以决定。如果我试图考虑一切实际的批评，我就成为同他们一样的人了。

——克努特·维克塞尔

下级对上级政府的政策参与

无资助命令产生的很重要的原因是上下级政府之间信息不对称，上级政府得到的信息不完全，导致公共政策的执行受影响。解决这一问题的重要举措，就是强调下级政府对上级政府的政策参与，提倡全民参政议政。下级政府对上级政府参与可以从以下几个方面进行考虑。

建立和完善下级政府与上级政府的沟通机制

上级政府的命令到达下级政府即从上而下方向的渠道是良好的，但是下级政府的信息到达上级政府以及民生问题从百姓中间传达到政府部门即自下而上的渠道尚不完善。

建立和完善下级与上级之间的沟通机制优点是显著的：首先，建立和完善下级与上级之间的沟通机制有助于上级政府体会民声，掌握完备的信息，以制定出更加贴合民意的公共政策。其次，建立和完善下级与上级之间的沟通机制有助于上级政府了解下级政府的现实状况，适时掌握公共政策的运行状态及出现的问题，有能力对公共政策进行良好监控。最后，建立和完善下级与上级之间的沟通机制有助于上级政府对公共政策制定预算，在一定范围内因地制宜地进行转移性支付，对地方进行财政补贴。

建立和完善下级与上级之间的沟通机制不同层级的政府部门可

以采取相应的手段，对于与百姓生活密切相关的基层政府部门来说，可以采取主动找百姓代表访谈、主动到基层和百姓生活中调研、通过舆论途径开设百姓意见信箱、开设行政长官与百姓之间的面谈会或网络互动、举办行政部门负责人答百姓问题等形式，加强百姓与政府部门之间的沟通。由于层级限制，下级政府不能越级上报，在特殊的情况下，这种刚性体制延误了解决问题的最佳时机，所以笔者认为在建立和完善下级政府与上级政府的沟通机制过程中，可以考虑在不打乱现行行政体制的前提下，开辟越级政府之间的绿色通道，以事务的广泛性、事务的紧迫性、时间区间等因素为标准，建立下级与上级之间多渠道互通机制，加强下级政府对上级政府的监督。

通过以上机制的建立和完善，上级政府能够掌握更多更完备的信息，掌握下级政府全面的执行能力和财力情况，能够有效避免无资助命令的出现或财力资助的延期等情况发生，有利于公共政策更好地实施。

建立和健全政策系统的反馈和改善机制

政策系统的反馈和改善机制对于公共政策效果有着举足轻重的影响力，作为政策执行环节后的紧随环节，它持续的时间更长，并一直伴随着公共政策的运行直至新的公共政策将其替换或者社会问题得到有效解决为止。

建立和健全政策系统的反馈和改善机制有着重要意义：首先，

政策问题随时间变化产生的要求。某一政策系统的建立都是具有时效性的，即是针对当下的政策问题最优的解决途径，但是随着时间的位移，政策问题也会发展变化，在原始问题的基础上派生出新的问题，要求政策系统不能够是静止不变的，而应该是动态以应对政策问题变化发展的，所以说建立和健全政策系统的反馈和改善机制有利于公共政策长期稳定有效运行和良好实施。其次，理论转变为现实产生差异的要求。每一项政策在实施之前都仅仅停留在理论阶段，但是在现实中会遇到那些实际的制约因素和突发事件，是理论所不能预期的，需要适时反馈和改善。公共政策是对现实政策问题进行分析而得到的理论上最优的解决方案，具有理论上一定的执行效果，但理论的想法在现实中未必能够逐一落实，即使理论的步骤全部落实，但是由于现实中诸多因素的共同作用，公共政策的效果与理论预期往往不能够完全吻合，这就要求对公共政策系统进行适时反馈，对已经出现的问题或者预期出现的问题进行解决，改进公共政策，改善运行机制。

建立和健全政策系统的反馈和改善机制可以开发多种渠道，例如在公共政策出台伊始建立配套反馈机制规范要求，从时间、项目、数据要求等多方面规定政策的反馈报告；根据政策问题研究小组的研究成果，预测政策问题发展倾向，提前做出改善公共政策的决定和决策；发行调查问卷、开展座谈会、对公共政策实施范围进行抽样调查分析等多种形式多种角度改善政策执行系统，保障政策执行效果。

建立和健全政策系统的反馈和改善机制可以有效缓解无资助命令带来的后果，对既实施的无资助命令起到亡羊补牢的效果，并且有效防止统一政策系统中再次、三次无资助命令的实施。

推行和切实落实听证制度

听证是行政机关在做出影响行政相对人合法权益的决定前，由行政机关告知决定理由和听证权利，行政相对人有表达意见、提供证据以及行政机关听取意见、接纳证据的程序所构成的一种法律制度。听证制度是百姓与行政机关进行沟通的重要纽带，是全民参政议政的重要形式，也是人民作为国家的主人发挥主人翁精神的实际体现。中央和地方的很多政府部门制定了专门的听证程序或规则、办法，听证在价格决策、地方立法、行政处罚、国家赔偿等诸多领域被广泛采用。

现阶段，我国听证制度已经基本建立，在国家的大中城市，听证会举办的次数和质量都在不断提高，具有可喜的成果，但是在不发达的省、市、地区，尤其是平均文化程度不高的地区，听证制度仍然是纸上谈兵。典型的代表人群是中国的广大农民，由于文化程度不高，居住地带偏远，这些占中国人口巨大比重、在中国产业链中起巨大作用、急需与政府沟通的人群，却难以利用这一现代的行政制度表达自己的心声。

根据第四章的论述，无资助命令的表现有显性和隐性之分，隐性无资助命令又是主要的表现形式，而且隐性无资助命令产生的层级恰恰在无力利用听证制度与政府沟通的低文化程度人群中，这就使得听证制度多形式、广范围地转变，贴近百姓生活，适应各文化程度人群等方面的转变，对与无资助命令的纠正显得尤为重要。

虽然听证制度其实是“舶来品”，但它的建立为我国政治体制、政治生活的积极作用是有目共睹的，如果能够根据我国人口结构的特点，建立有中国特色的听证制度，从听证的形式、听证的会议准备、听证的宣传、听证的法律普及教育等方面切实改善，贴近百姓，反映民生，对于纠正无资助命令、改善当前公共政策、发现政策问题及解决问题都有种重要的研究意义。

发展和融合多种参政形式

无论是沟通机制、反馈机制还是听证制度，都是加强上下级之间信息互通的形式，除典型的体制和制度外，根据时间的推进、地域的特点、民族的风俗等因素的权变，发展和融合多种参政形式，使政府工作更加透明化与高效化，使百姓更加关注政策、为政策出台出谋划策、事事时时监督政策实施、反馈政策信息、建议政策改进，那么公共政策的执行将更加有力度、有保障。

近年来，我国政府在这方面的工作已经初见起色，比较典型的例子就是近年提出并逐步落实的医疗改革政策。由于我国电力的普及以及网络的大范围覆盖，公众通过媒体和网络都能够方便快捷地发表自己的意见和建议，而且在实际落实过程中，听证会、座谈会、专家研讨、专家讲解、法律和文件精神的宣传和学习、广泛意见的收集，尤其是配套专项资金的使用、出资的配比、资金的拨付、资金使用的监督等工作做得相当到位，使得医疗改革方案本着民意出台落实，为人民看病贵、就医难等问题提供了良好的解决途径。此外，关于五一黄金周、民俗假日、人民币更换名称、两税并轨、燃油税改革等与人民息息相关的问题，都在网上和媒体中进行了广泛讨论。

无资助命令转型的前提：下级政府强化自治

无资助命令的产生是有其历史性、制度性等客观原因的，其存在和发展对公共政策体制的运行有一定的积极意义，但是已经无法满足现阶段行政管理的需要，无资助命令在科学、公开、透明、系统化等的要求下，最终必然实行转型。无资助命令转型并不是一蹴而就的，需要建立在一定基础之上，由于无资助命令强调政策体制与财政体制的匹配，那么必然要求下级政府各方面自治能力的提高。具体可以从两个方面进行考察。

各级政府要恪守其责

无资助命令转变为有资助命令必然会为下级财政缓解压力，使公共政策的实施更有保障，但与此同时，也对各级政府的能力有了更高的要求。从主观能动性角度来讲，各级政府要恪守其责。

一方面，各级政府恪守其责是命令实施的重要前提。无论无资助命令是否转换为有资助命令，各级政府对上级政府命令的态度都是公共政策能够良好落实的基础。无资助命令的弱点是下级政府无财力落实上级政府下达的公共政策，各级政府没有财力支持而不得不采取对策，这一前提假设了各级政府都是恪守其责的，如果各级政府在各自的范围内不能够履行各自的责任，那么即使无资助命令转变为了有资助命令，也不能够加强公共政策的实施效果，反而会导致更多的财力流失。

另一个方面，各级政府恪守其责是资金管理的重要保障。无资助命令是政策决策体制与财政体制脱节的一个突出表现，在无资助命令时期，各级政府所要处理的事务可能仅仅是事务问题，或者是考虑财政问题不可能完成命令之后就选择性执行甚至不执行命令；在无资助命令过渡到有资助命令之后，各级政府所要处理的事务不仅仅是事务问题，还有伴随的财政问题，对于新产生的资金的管理、监控和运用等都要建立在各级政府恪守其责的基础上，否则这一部分资金的管理有可能带来新的政府官员作风问题或者其他社会问题。

要有基层民主的约束

无资助命令转变为有资助命令必然会增加下级政府的事权和财权，在强调地方自治的情况下，基层民主的约束显得尤为重要。

一是，基层民主约束具有相当的可行性。地方政府的财力来源是老百姓，公共政策的目标人群是老百姓，地方政府的作用客体是老百姓，对于百姓自己的问题，百姓有权利也有义务监督。这是基层民主存在的合理性。由于政府层级的分明，以及下级政府与上级政府之间沟通的不通畅，基层民主对政府的约束具有重要意义。百姓作为政府行为的直接受益人，有权利评价政府工作的效果，对政府出色的工作进行表扬，对政府无为或没有处理好的问题提出批评和建议，这是最有发言权的一个群体，也是与基层政府最直接接触的一个群体，他们对政府的监督，具有相当的可行性和效果。

二是，基层民主约束具有很强的激励作用。基层民主是政府提高自身素质，保持良好作风，积极良性运转的动力，基层民主的约束对基层政府具有很强的激励作用，权力是人民给的，财力是人民出的，人民是政府的衣食父母，政府要考虑的是民生问题。在现行的很多体制中，有了基层民主的约束才能够良好运转，例如乡村自治，根据地域差别、风俗习惯，乡村的治理是一个比较特殊的体制，村民的选举、村内的各项事务的落实等工作意见，都是征求村民意见，进行全民投票、全民公示、全民测评而直接得到的，是基层民主作用的最好说明。

有了各级政府恪守其责的前提，有了基层民主对基层政府工作的约束，无资助命令向有资助命令过度才有了其自身的意义，才会有转变后对公共政策执行效果的积极影响的表现。当然，这两个基本条件在无资助命令时期也是至关重要的，因为它们可能作为影响政策执行效果的一个因素出现，可以说，这两个因素的真正执行程度与无资助这个因素共同存在、共同作用，表现为无资助命令的执行效果。

构建公共政策与财政资源匹配机制：更多地引入有资助命令

首先，要建立健全政策决策体制的约束机制。引入有资助命令的前提是要建立健全政策决策体制的约束机制，从政策出台到政策的执行，约束机制的建立健全都是政策质量和有效性的保障。为了能够更多更有效地引入有资助命令，要做到的一点是保证常规政策的出台建立在较为详细的财政预算和预测的基础上，力求政策出台的质量，并且在辅以匹配财源后，在政策的实施过程中进行合理的约束、监督和反馈，力求政策执行的质量。

其次，要建立健全财政体制的约束机制。在建立健全政策决策体制的约束机制的基础之上，对原来无资助命令匹配的财源进行财政体制的专业约束。在政策决策出台之前，要对其进行财政预算与财政预测，对该政策在执行过程中即将出现的成本和灵活运用的成本提交预案，进行论证和修正之后辅以公共政策，保证公共政策执行过程中财力与事权的匹配。在政策决策执行的过程中，财力随事权的下方而下移，这样可以有效缓解财力在上一级政府集中而事权在下一级政府集中的现象，并且消除了随着无资助命令下移的极化现象，使得财权能够从上一级政府往下一级政府随着事权合理转移，保证下级政府的财政负荷在合理的范围之内，同时起到稳定自上而下财政体制的作用。

最后，要切实约束和规范上级对下级政府的影响。在建立健全政策决策体制的约束机制和财政体制的约束机制基础之上，注意上级政府与下级政府的政策协同机制的作用，减少上级政府利用行政地位和行政职权对下级政府的负面影响，以上级政府的合理、规范性行为和政策出及执行的合理、规范性来消除下级政府在执行上级政府政策过程中的隐患，为下级政府提供与事权相匹配的财权，为下级政府在制度和政策允许范围内的一定的灵活性，在此基础上辅以约束机制和绩效考核机制，从而在硬件和软件上同时着手，解决从深层次到表象、从制度到人员出现的各项问题，才能营造保证公共政策质量和有效性的环境，从而缩减公共政策预期目标与现实的惯性差距。

总的来说，由于上级政府出台政策的决策体制约束和财政体制约束条件很少，上级政府对下级政府的无资助命令太多，导致政策出台的数量过多乃至泛滥，不合理性提高。政策合理性的一个重要体现是依据政策执行政府的资源状况来出台政策，换言之在预期达到政策目标的驱动下应当给予资源和财力不足的政府以财政支持，保证其有足够的资源来支持政策执行，这样才能切实提高政策质量和有效性。对于如何更多地引入有资助命令，以及如何保证引入有资助命令的有效性等问题，本章只是给出了大致的方向，但是在实际运行中实际上是非常具体的一种行为，需要在大量调研和研究的基础上提出具体的体制框架、具体的实施细则、各项权数、体制运行保障机制、考核制度等，这些仍然需要进一步调研和深入的探讨来完成。

第 十 二 章

PART 12

转变无资助命令的实践起点：理顺政府间事权划分

我们应该从商法仲裁以及港口与商品交易会的实践中去追溯使开放社会成为可能的法律的演化过程。我们甚至可以认为，一般行为规则的发展不是始于有组织的部落社会的内部，而是始于第一次不声不响的物物交换：一个原始人在部落的边界放下一些东西，寄希望他会以同样的方式得到对方部落的回报，于是一种新的习俗便由此形成。总之，一般行为规则最终被人们接受，不是通过统治者的指令而是通过人们的预期赖以建立的习俗的发展。

——弗里德里希·奥古斯特·冯·哈耶克

一个逻辑贯通：事权联通公共政策，公共政策联通财政，财政联通国家治理

我国于1994年确立分级分税财政体制，初步理顺了政府与市场、政府与企业的关系，建立了中央政府与省级政府之间相对规范的分税机制并跟进了自上而下的政府间转移支付机制，可说启动了财权划分过程，其后陆续的改革实际上也更多沿着财权划分的线索推进，而在事权明晰化方面却一直缺乏实质性进展。

从可查文献来看，我国学界自20世纪80年代起，已经开始有较为系统的对事权的研讨，至90年代尤其是分税制确立后，对事权的关注视角更为广泛，且这种探讨一直持续至今。党的十八届三中全会明确提出“必须完善立法、明确事权、改革税制、稳定税负、透明预算、提高效率，建立现代财政制度，发挥中央和地方两个积极性”的要求，强调“建立事权和支出责任相适应的制度”，这可说是继1994年确立分级分税财政体制、相继落实财权改革后首次正式将事权改革提上日程。在对中央事权（中央委托地方事权）、中央和地方共同事权、地方事权等做出具体规定的基础上，三中全会文件还特别强调“保持现有中央和地方财力格局总体稳定”，这也就意味着在本轮理清中央和地方事权划分的同时，对中央和地方财力分配现状不予过多变动。党的十八届四中全会在此基础上进一步提出“推进各级政府事权规范化、法律化，完善不同层级政府特

别是中央和地方政府事权法律制度”的要求，为事权改革明确了规范化、法律化的方向。党的十八届五中全会则进一步强调了中央事权，明确“适度加强中央事权和支出责任”。基于此，显然十分有必要在现阶段攻坚克难、“配套改革”的展开中，对我国中央与地方事权划分改革进行再探讨。

广义的事权即对应“全面国家治理”的政府职能范围，实际上并不仅仅包括中央与地方事权划分这样一个层面，若从事权要素进行观察，基于事权主体的划分，除了央地划分之外，还应包括涉及大部制改革的横向划分，而这些实际上都联通至国家治理层面，其内在逻辑是全视角、精细化水平上科学合理的事权划分，必然指向顶层设计而并无局部化处理的捷径可循。在此基础上，对事权范畴的认识，一方面包括基于政府职能而界定的边界，即明确事权的起点，另一方面还包括基于要素进行合理细化后的款、项、目即明确事权的终点，从起点到终点，由根、干、到枝、叶，才可称是一个完整可考的事权范畴或体系。基于事权范畴，可进一步与十八届三中全会已明确的中央和地方事权划分标准，进行对接认识。

事权要素及联通至国家治理的认识

我们通常所说的事权，所指就是国家公共权力，是一个广义的概念。笔者以为，即使将对事权的探讨落到财政领域内，也并不缩小事权作为国家公共权力的范畴，若依“以政控财，以财行政”分配体系[1]这一财政本质的认定，事权实应属于“政”的层面。“政”即为“政治”和“政府”，至此，钱穆[2]将政治以“人事”和“制度”二分的智慧解析，为我们认识事权要素提供了十分有意义的启发：以制度与人事作为政治的两个要素，便可进一步形成两者不可分视、制度间相互配套而非孤立、制度必有渊源也必有流变等更深层的认识，也可以从历史视角窥得中国历来的“人治”色彩。由此思考，事权作为一种“权力”，也必是要素构成的，从权力的对象、权力运转所依托的制度、与权力行使相关的人员三个方面来考虑，那么至少应包括三个要素，即客体、主体和制度。事权的履行离不开财政，事权的对象、事权运转所依托的制度、与事权行使相关的人员，都是需要财力保障的范畴。例如：义务教育（不含基础设施建设）作为一项事权，它是一种国家公共权力，这种权力针对的对象是符合义务教育规定范围的青少年，这一权力运转所依托的制度包括管理教师的制度、管理学生的制度以及相关的行政制度，与这一权力执行相关的人员则包括政府工作人员、学校工作人员等，而以上三个方面都是需要财力保障的范畴。

基于事权的构成要素，不难发现事权必然、必须联通至国家治理体系（详见图 1）。从主体来看，事权划分不仅存在纵向划分问题即中央与地方事权划分，而且存在横向划分问题即与大部制分工

---

1 贾康，财政本质与财政调控，经济科学出版社，1998。

2 钱穆，中国历代政治得失，九州出版社，2012。

相关的事权划分；从客体来看，事权的范畴应建立在理顺政府与市场、企业、社会等多方关系，事权的水平则随着经济社会发展在不断提升，必然联通基本公共服务均等化等公共职能的行使；从制度来看，事权的决策、执行、监督、反馈、动态优化等一系列过程，联通至整个公共管理体系；从主体、客体到制度，三个要素及各自的联通又必须在法治化的大框架下有机运行，整合形成事权与国家治理的联通体系。这一体系必然指向顶层设计而并无仅作局部化处理的捷径可循，其是否能够达成体系性的科学、合理状态，会直接表现在经济社会发展的方方面面。“财政是国家治理的基础和重要支柱”这一判断的正确性，从以上分析中也可得到印证。

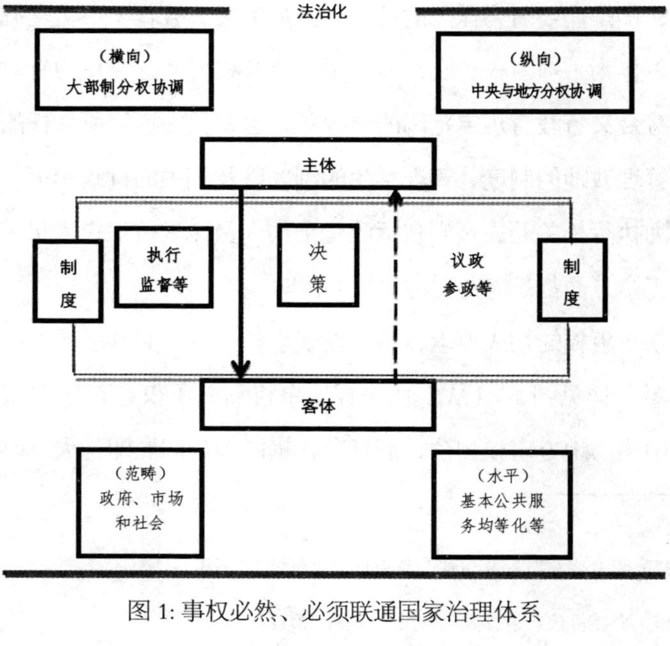

图 1: 事权必然、必须联通国家治理体系

事权范畴应明确起点和终点

我国现阶段事权改革的核心要求是合理划分事权，而这一工作首先需要建立在事权范畴正确界定的基础上。楼继伟（2014）所强调的“现代国家治理要求科学界定国家公共权力边界”，正是“实现国家公共权力的合理配置和规范运行”的前提和基础。事权范畴界定在实践层面的落实，往往是十分棘手的，划分中常常出现的“上下一边粗”“你中有我，我中有你”、无限延伸等问题，实际上源自事权范畴不明。我们认为，对事权范畴的认识，一方面包括基于政府职能而界定的边界，即明确事权的起点，另一方面还包括基于要素进行合理细化后的款、项、目，即明确事权的终点，从起点到终点，从根（渊源）、干（主脉），到枝（分枝）、叶（末端），才可称是一个完整可考的事权范畴或体系。我国事权范畴的界定至少需要设计两张表：第一张是分门别类的事权表，第二张是每一项事权的细化表。表内分项、分类应尽量做到范畴互质，内洽周延，如此，我们才能说有把握看到我国事权边界的全貌。当然，这一实现过程是非常艰难的，但这是事权改革最基本的起步。

无论起点还是终点，在实践中都是难点：

第一，国家公共权力具体究竟包括哪些事权？对政府与市场、政府与企业、政府与社会等多方关系的科学处理，是回应这一问题的必要条件，却不是充分条件。这几对关系处理好了，国家公共权力所囊括的事权范畴界定不至于“缺位”或“越位”，但里面一项一项的事权，还需要条分缕析地分门别类，这些都是事权管理的基础。然而，我国是全球范围内极少见的大国，幅员辽阔、人口众多，决定了公共事务中待管事项的纷繁复杂，对事权分门别类地梳理，绝非一般中小经济体可以同日而语，加之我国又是全球范围内经济发展特别迅速地大体量经济体，伴随着不断提升的工业化、城镇化、信息化进程，置身于技术变革突飞猛进的时代，事权范畴的边界随时代变迁和经济社会转轨一直在发生变化，带有政府经费相对规模扩展的趋势，这种扩展既包括瓦格纳定律所说的比重增长，却不仅限于此，因为除了经费规模方面的增长，事权的种类也在发生变化。例如：在发展初期，生态环境治理尚不是一项重要事权，但随着粗放发展带来的污染因素在生态环境中的积累，便转变为一项重要的事权，且其囊括的内容还在不断扩充由大气、水流到土壤、气候与生物多样性等。

第二，每一类事权究竟包括哪些细分？对于某一类具体事权，还需要弄清楚到底可以进一步分解为哪几种权力，接着才有研究每一种权力由哪一个主体来落实更为合适的条件。例如：对国土资源管理这一事权而言，至少包括所有权、占有权、经营权、使用权等不同权力形式构成的“权力束”，每种权力行使的主体可能又有不同。对某一项事权所包含的权力种类的认识，也是财政职能有效发挥的基础。以资源税为例，其征收是针对所有权产生的收益、经营权产生的收益、还是使用权产生的收益，其征收由哪一个主体（国税或地税）完成更为合理，其收入由哪一个主体（中央或地方）来使用更为科学，等等相关问题，实际上都建立在对某一项具体事权及其与其他事务连带关系进行细化认识的基础上。这其中，对某一类具体事权所囊括权力种类的认定是第一个难点，不易分明，而认定后确定权力行使主体是第二个难点，必定会受到利益集团和现有利益分配格局的影响。

中国事权划分的现状

1992 年邓小平南方谈话以来，随着社会主义市场经济体制建设，我国事权划分格局也逐步演变，但至今仍不得不说到其中存在的诸多问题。我国现行法律对事权的规定大都呈现“粗线条”的特点，且存在特别值得注意的“冲突点”；在中央与地方事权划分方面，存在不清晰、不合理、不完善三类“乱象”；在划分原则方面，我国已经历三阶段演变，每一阶段都颇具针对性地指向当期最为突出的问题，但因在很大程度上受到事权改革滞后的制约，所以几个关键关系尚未形成一种较合意的机制。

相关法规的“粗线条”特征

四中全会“完善不同层级政府特别是中央和地方政府事权法律制度”的进一步要求，具有深刻的内涵。《中华人民共和国宪法》（以下简称《宪法》）第二条首先明确规定了我国权力归属的主体，即“中华人民共和国的一切权力属于人民”，基于这一归属的行使权力的制度是人民代表大会制度，在实践中的表现形式就是“全国人民代表大会和地方各级人民代表大会”，第三条中提及的国家行政机关、审判机关、检察机关，作为由人民代表大会产生的机构，实际上可视为权力实际执行的主体。从《宪法》规定的权力归属逻辑来看，依托归属主体分为全国和地方两大层次，可再次体会中央与地方政府事权划分的必要性和重要性。

然而，若对现行法律中已有的与事权相关的规定进行梳理，则不难发现这些规定多是“粗线条”的。在方向上，依托事权的执行主体，《宪法》规定“中央和地方的机构职权的划分，遵循在中央的统一领导下，充分发挥地方的主动性、积极性”，其中首先强调了中央统一领导，其次再强调发挥地方主动性和积极性，内涵我国中央与地方事权划分应以中央为主导之意，但却并未对如何体现统一领导、地方主动性和积极性如何发挥做出具体规定。

继续细化梳理则可进一步发现，在特定场景下，若推行中央与地方事权划分的改革，则现行法规之间会表现出种种不内洽之处，政府事权的法律化也难免陷入尴尬。《宪法》第八十九条对国务院行使的职权进行了明确规定：国务院可根据宪法和法律制定规定行政法规，并可规定中央和省、自治区、直辖市的国家行政机关的职权的具体划分。而按照《中华人民共和国立法法》第七十三条的规定，“其他事项国家尚未制定法律或者行政法规的，省、自治区、直辖市和设区的市、自治州根据本地方的具体情况和实际需要，可以先制定地方性法规。在国家制定的法律或者行政法规生效后，地方性法规同法律或者行政法规相抵触的规定无效，制定机关应当及时予以修改或者废止。”按照《宪法》第一百条所定，省、直辖市的人民代表大会及常务委员会可制定地方性法规，但这一地方性法规是作为行政法规的下位法而存在的。因此，事权划分以法律化来保障稳定性和连续性这一点，可能由于行政法规和地方性法规在特定场景的不对接、不内洽而难以达成。

事权划分三类“乱象”

从我国中央与地方事权划分的现状来看，主要存在以下三个方面的问题。首先，法定主体不清晰，履职主体不明确。从我国中央政府和地方政府职能关系来看，地方政府在很大程度上是中央政府的延伸，“上下一般粗”[3]特征非常明显，地方政府职能部门的设置基本与中央政府一一对应。除了外交事务及大部分国防事务等突出的中央事权外，其他事务基本都是从上级到下级“多头管理”，“九龙治水”，易扯皮推诿权责不分明，导致效率低下。其次，法定主体不合理，中央事权明显不足。从 2015 年数据来看，全国一般公共预算支出为 175768 亿元，而中央本级一般公共预算支出仅为 25549 亿元，仅占全国数额的 14.5%，与世界范围内大多数国家相比是一个非常低的水平。在中央和地方事权划分的视角下，国家安全、边防边境（包括公路、界河、海洋等）、跨地区生态环境治理、

---

[3] 楼继伟，推进各级政府事权规范化法律化，人民日报，2014-12-1。

跨区域司法管理、食品药品安全等本应当作为中央事权的事务，在现在框架下的表现是中央“缺位”或“不到位”，地方在没有足够动力或具有扭曲式过高“积极性”的情况下一边承担事务工作、一边承担部分经费，很容易造成这些事务管理秩序紊乱，许多相关政策效力很低。最后，制度供给不完善，“潜规则”往往起到极大作用。在尚未建立健全法律体制机制的情况下，现行中央与地方事权格局中，“上有政策，下有对策”的现象比比皆是，潜规则往往大行其道，极端说法是“政令不出中南海”，权力履行很不规范。究其原因，一方面是主动因素，由于制度供给缺失而导致地方政府可钻“变通”的空子，甚至不惜越权来制定一些有利于本地的“土政策”；另一方面则是被动因素，由于地方过多承担了中央的事权，地方在财力制约下势必选择降低标准执行，甚至对于某些只有指令而无配套资金的事权，地方政府选择不履行或敷衍了事，问责机制出于认定责任困难等因素，也很难切实发挥作用。

事权划分的原则演变

在我国，事权划分原则已经历三个阶段的演变：第一阶段是强调“事权与财权相适应”，[4] 第二阶段是强调“财力与事权相匹配”[5]，

---

[4] 参见《国务院关于实行分税制财政管理体制的决定》（国发〔1993〕85号文）。

[5] 参见《中共中央关于构建社会主义和谐社会若干重大问题的决定》，中国共产党第十六届中央委员会第六次全体会议通过，2006年10月11日。

第三阶段是强调“事权与支出责任相适应”[6]。这一演变过程与我国1994年分税制改革确立以来面临的阶段性问题有关，1994年分税制改革时的事权界定基本上是对现状的白描（楼继伟，2013），事权改革可说一直没有真正得以启动，财权虽然在分税制改革之初得以划分，但是在分税制财税体制运行一段时间之后，财力的纵向分配已呈现明显缺口，针对基层财政困难的突出问题，原则由第一阶段过渡至第二阶段。随着我国均衡性转移支付工作的持续推进，久悬未决的基层财政困难等问题，使事权与支出责任之间的矛盾凸显，原则从第二阶段步入第三阶段。从事权与财权相适应到财力与事权相匹配，我国实际上在中央税、地方税和中央与地方共享税划分的基础上又加上转移支付，在试图逐步理顺中央和地方的财权划分，而从财力与事权相匹配到事权与支出责任相适应，我国实际上在逐步推进财权和转移支付在整体制度安排视角的合理化，所以当前走到已无可回避的事权划分的攻坚阶段。实际上，中央与地方事权的划分仅停留于理顺两两关系的思路，显然很难达成最终合意结果，就事权划分原则已经历的三阶段演变来看，每一个阶段都颇具针对性地指向当期最为突出的问题，但因在很大程度上受到事权改革滞后的制约，所以几个关键关系尚未形成一种较合意的机制。

6　参见《中共中央关于全面深化改革若干重大问题的决定》，中国共产党第十八届中央委员会第三次全体会议通过，2013年11月12日。

财政联邦制事权划分的内在逻辑

在“财政联邦制”框架中，事权划分是一项极为重要的内容，世界范围内较为典型的财政联邦制国家，其中央与地方事权划分的实践为我们提供了许多可借鉴的经验，但这些经验与我国的实践在对接过程中是非常有难度的：首先，我国并不是联邦制国家，联邦制事权划分的许多根本原则与我国现行制度是完全无法对接的；其次，不同类型的联邦制国家，其所采用的划分事权的具体标准等也不同，可称得上是因国而异。鉴于此，本书试图在典型的财政联邦制国家的实践基础上，总结几条在一定程度上带有共性特征的“经验性规律”，以期为我国进一步理顺中央与地方事权划分提供一些可供借鉴的线索。

事权划分中通常有法定主体和履职主体两种认定

在典型的财政联邦制国家，事权在联邦政府、州（省）政府和地方政府之间的划分通常是非常明确的。当然，无论事权和财权，在实践中大都表现出至多在三级政府之间的划分，这一点也是一项显然重要的值得借鉴的经验。学界早已对此有过许多探讨，并在很大程度上达成了共识，并在我国财权划分实践中推动了省直管县和乡财乡用县管的改革举措，因而事权的大框架实际上也应与财权相似，即应当考虑在三级政府之间进行划分，从经验上来讲，这更加有助于推动有效设计路径与方案的形成。然而，三级政府之间划分事权这一经验，对于中央和地方事权划分来说仅构成必要条件，而非充分条件。从国外经验来看，典型的财政联邦制国家在联邦、州（省）和地方的事权划分中通常还须将主体层面区分为法定主体和履职主体[7]，每一项事权都有明确的法定主体和履职主体，权责十分明确。结合典型国家的实践，通过法定主体和履职主体两种认定，至少可在纵向事权划分中产生以下优化效果：

一是有利于缩小共同事权中模棱两可的地带。以加拿大为例，其移民这一项事权是作为联邦和省的共同事权存在的，法定主体是联邦和省，但履职主体则明确为联邦。加拿大地方服务这一项事权是作为省级事权存在的，法定主体是省，但履职主体则明确为地方。从法定主体来看，加拿大似乎仅在联邦和省两级政府之间划分事权，而进一步从履职主体来看，就不难发现其事权是在三级政府之间的明确划分。

二是有利于在纵向事权划分的基础上进一步明确支出责任。以澳大利亚为例，其教育这一项事权的法定主体是州和地方政府，而履职主体则是州政府，且明确规定了州政府履职过程中，联邦政府对全国性目标进行财政支持。澳大利亚在医疗这一项事权的处理上与教育采取了相同模式。

三是有利于州（省）以下事权的进一步划分。以澳大利亚为例，对于公共秩序和安全这一项事权，明确规定了法定主体是州和

---

[7] ［美］安瓦·沙编著，贾康等译，践行财政“联邦制”，科学出版社，2015。

地方政府，履职主体则是州政府，而对于住房和公共设施这一项事权，明确规定了法定主体是州和地方政府，履职主体仍然是州和地方政府。

支出责任往往由事权的履职主体来承担

从典型国家财政联邦制的实践中观察，其事权与支出责任的匹配体现在由事权的履职主体来承担相应的支出责任，这一点，可说是将已经明确划分的事权进一步在实践层面落实的关键。事权法定主体的确认往往是认定其权力的归属，而权力的执行却没有明确，在归属划分中，共同事权的划分边界往往是模糊的，履职主体的认定能够明确至事权的执行层面，而这一主体也是承担支出责任的主体。以加拿大为例，其教育这一事权在法定主体层面是归属于省的，但从支出责任来看，省政府支出占比仅为 52.6%，而地方政府支出占比则占 42.1%，看似事权法定主体与支出责任并不匹配。实际上，教育这一事权的履职主体认定为省和地方，基于此观察，事权与支出责任的关系可看出是归之于高度匹配的。再观察澳大利亚的教育，其法定主体为州和地区政府，但其支出责任方面的表现则是联邦政府支出占比 30%，而州和地区政府支出占比为 70%，看似并不匹配，而从履职主体来看，澳大利亚规定教育的履职主体为州政府，但联邦政府要对全国性目标进行财政支持，与其现行的支出责任又是归之于高度匹配的。

当然，由于事权与支出责任的项、款、目等技术性细节在形式上并非完全重合，所以并非每一项事权都可如上述例子那样可以特别清晰地观察到，与支出责任相匹配的往往是事权的履职主体，但笔者认为，从诸多可以观察的例子追溯其逻辑意图，应当做出如此的框架性认识。

财权的细化：决定权、征管权、使用权

纵向事权划分的落实，一方面要靠财力来保障，另一方面财权的划分也在很大程度上影响着履职主体落实事权的积极性。从国外典型的财政联邦制国家的实践来看，其财权并非只是粗线条地分为税权、收费权等，而是进一步将财权进行细化[8]，如划分为决定权、征管权、使用权等权力种类，对于同一种税收收入的财权，其决定权、征管权和使用权有可能隶属于各不相同的政府层级，以此来结合不同税种的特性进行与事权划分相顺应的财权的精细化管理。以加拿大为例，其所得税收入的税基决定权隶属于联邦政府，税率决定权隶属于省政府，征管权隶属于联邦政府，而使用权即收入的划分则是在联邦政府和省政府之间以接近65%和35%的比例进行共享。再以瑞士为例，其增值税收入的税基决定权隶属于联邦政府，税率决定权也隶属于联邦政府，而征管权隶属于行政区和地方政府，其使用权全部归联邦政府，即联邦政府100%专享增值税收入。

8 王浦劬、张志超，德国央地事权划分及其启示，国家行政学院学报，2015，(5)(6)。

转移支付制度弥补纵向财政缺口和促进、保障横向均等

在联邦、州（省）和地方政府事权明确划分的基础上，循事权与支出责任相匹配的原则，由事权履职主体来行使支出责任，在财力细化量化的基础上结合事权划分合理划分财权，对于仍然存在的纵向财力缺口，采用转移支付制度进行弥补。可以说，转移支付收入与税收收入、收费收入等共同构成履职主体执行事权的财力保障。转移支付的初衷和作用就是弥补纵向财力缺口，且现行财政联邦制国家一般都有两级转移支付，联邦政府对省政府的转移支付和省政府对地方政府的转移支付（也不排除联邦直接对地方的转移支付），在精准计算纵向财力缺口的基础上，以此制度来保障财力与事权的匹配。

总结来看，财政联邦制国家在事权划分方面所遵循的原则并非两两关系的理顺，而是带有顶层设计意味的通盘体制机制，追求在联邦、州（省）和地方政府事权明确划分的前提下，事权与支出责任、财权、财力的整体匹配。从实践逻辑上来看，事权主体通常有法定主体和履职主体的划分，履职主体承担事权的支出责任，以此达成事权与支出责任的匹配，最终以财权划分和转移支付制度共同构成的财力水平与支出责任达成匹配，从而完成事权的履行。本文认为，这种体制机制的设计和其内在逻辑的运转，对我国事权划分的实践而言是颇具框架性、前提性借鉴意义的。

中国政府间事权划分的原则：基于转变无资助命令的视角

基于以上分析，本书对我国现阶段中央与地方事权划分提出如下初步意见建议。

事权划分应切实落实规范化、法律化

现阶段推进我国中央和地方事权划分的改革应当切实落实规范化、法律化，而法律化更是事权划分在较长时期形成稳定局面的关键。就我国相关法律对事权规定的现状来看，事权划分中的立法工作显然任务重大。一是，应当直面我国现行相关法律中存在的不内洽问题，在“一切法律、行政法规和地方性法规都不得同宪法相抵触”的规定下，应解决行政法规与地方性法规同时规定事权时面临的尴尬问题，理顺其他相关法律法规内容；二是，应考虑在上位法中明确中央和地方的专有事权、共同事权、委托事权等形态，并对相关原则做出明确规定，并特别注重解决合理扩大中央事权的问题，适度加强中央事权和支出责任，将该收的事权收上来，如国防、外交、经济案件的司法管辖权、关系全国统一市场规则和管理全局性公共品（如大江大河全流域管理）等，都应当明确其作为中央事权定位，而涉及部分社会保障、跨区域重大项目建设维护等的事权来作为中央和地方共同事权，并特别注重逐步理顺共同事权中不同层级政府之间的事权分工合作关系，带有无外援特征的区域性（辖区、社区）公共事务与服务则应作为地方事权。

理顺事权、财权与财力、支出责任的关系

借鉴财政联邦制国家的实践经验，我国应当从两两关系的理顺推进到各种关系的整体理顺。总体上，应积极考虑实现中央、省、市县三级框架中，按“一级政府（政权）、一级事权、一级财权、一级税基（费基），一级产权，一级举债权（用债权），一级预算，再加上中央、省两级自上而下的转移支付”整体制度安排，达到各级、各地政府“财权与事权相顺应，财力与事权相匹配，事权落实于操作层面的支出责任之上”的境界。在中央与地方事权划分的过程中，我国也可积极考虑明确法定主体和履职主体，以履职主体的形式来确定相关事权最终执行的环节到底落在那一级政府，那么就由该层级政府承担事权支出责任，以此达成事权与支出责任的匹配。在此基础上，是以财权划分和转移支付制度共同构成的财力水平与支出责任达成匹配，从而完成事权的履行。在我国，财权主要包括了税收、行政性收费、国有资产收入、举债收入等。

优化和细化中央与地方政府的事权划分方案

依照对中央与地方关系的哲理，在理顺政府与市场、政府与企业、政府与社会等多方关系的基础上，明确事权的大分类即事权的起点，并继续细分事权一直对应到支出责任的项、款、目等，即事权的终点，总体形成事权的范畴。在事权范畴的基础上，明确事权的法定主体和履职主体，再进一步明确认定中央、省、市县的事权范围和一览表（明细表）。基于我国现阶段中央与地方事权划分中存在的问题，借鉴国际经验和财权划分的探索，结合党的十八届三中全会决定的明确要求，应当首先将事权明确地划分为中央事权、地方事权和中央与地方共享事权。其中，还包括较为特殊的委托事权，从归属上来讲，它应当是属于高端（中央、省）事权，而高端如进行具体执行比之地方更加无效率，所以以委托形式交由地方执行更能体现效率原则。从中央和地方事权与支出责任相匹配的原则出发，中央事权应当由中央政府履行支出责任，地方事权应当由地方政府履行支出责任，中央和地方共享事权则应当明确划分履职主体和履职细则，由相应层级的政府来履行支出责任，中央委托给地方的事权应当由中央政府来以足够财力保障地方相应履行支出责任。

对于具体的事权划分，应当注意：将涉及主权、统一市场、跨区域协调等方面的事权收归中央；根据所提供公共品是否外溢性来决定是否应将事权上提，具有明显外溢性的公共品提供的事权应当提上高端，由更高一级别的政府来提供；根据信息对称程度的必要性来判断事权的划分，要求基层、低端信息对称程度高的事权应当首选纳入低端事权范围。

事权最终的划分结果，一定应当是形成带有顶层设计性质的通盘划分的表格，其应当依次包括：事权的类、项、款、目，及其所对应的法定主体和履职主体，对接至现行财政体制中财政支出的具体项目以及所需财力，进而在此基础上进行最终的财力保障测算，配套安排转移支付。

进一步理顺财权划分

在推进中央与地方事权改革的同时，亟需按配套改革逻辑继续理顺财权划分，一方面在考虑财力约束和财力分配的前提下深化税费改革和地方税体系建设，进行财权的划分，另一方面应当考虑在激励相容的原则下健全以财权划分制约事权履行的机制。如上所述，我国的财权主要由税收、行政性收费和国有资产收益、举借公债等构成，应当在全面减少、清理不合理行政性收费的基础上，依照每个税种、费种、债种的属性进一步理顺财权改革。我国税收的决定权基本在中央层面，税收收入分享的比例在很大程度上直接影响地方的积极性，所以整体设计上一方面要防止税收划分抑制这种积极性的正确发挥，另一方面也要防止这种积极性非正确的扭曲式的发挥。

第 十 三 章

PART 13

事权、财权、财力、支出责任的关系解析与无资助命令显性化和合法化框架性简述

如果我们的目光稍稍越过哥伦布的帆间以及大西洋的万顷碧波，看看他到达中美洲巴哈马群岛前的，那片被季风、雨林或冰雪覆盖，被晨曦和夕照抹亮的大陆，就会发现，并非有河流的地方，一定有农业；也并非有大河流域的地方，一定有世界规模的天下国家；还并非有海岸的地方，一定有希腊式城邦。……文明里有“人”，才有生命力。只有有生命力的文明，才能把河流流经的地方，都变成自己的“天下”。

——吴稼祥

事权、财权、财力、支出责任四个概念

在财政体制的相关研究中，直接有关的概念应该包括四个，这四个概念代表了四个不同的层面、维度和含义，实际上缺一不可，分别为：事权、财权、财力、支出责任。

尽管学界和各界都对以上四个概念进行过相关阐述和分析，但是笔者认为，还可以从更为通俗的视角来进行解析。

所谓事权，就是规定每一级政府能够做什么事的权力。事权的本质是一种权力。事权不能简单被认为是做事的权力，实际上，对于政府而言，事权更准确的定位应该是，规定每一级政府能够做什么事的权力，是规定做事范畴的权力。

有一些学界的概念将支出责任包括在内，认为事权应当包括支出责任和政府权力两个层面的概念。这种分析笔者并非完全不同意，也许从学理角度来分析的时候，这种内涵的解释甚至让人感觉更为科学合理，但是在体制机制实践层面来看这个问题，事权与支出责任的分离更有利于我们将体制机制问题看得清楚一些。因为一般而言，承担事权的政府主体和承担支出责任的政府主体层级往往不同，尽管事权这个概念本身的学术含义包括支出责任，但是在体制机制运行的过程中，适合将事权的含义缩小到最本源的范畴，就是规定每一级政府能够做什么事情的权力，这样能够更有利于进行相关分析认识。

所谓财权，就是规定每一级政府能够从哪些地方收钱的权力。财权的本质也是一种权力。这种权力与事权不同，事权是规定每一级政府能够做什么事的权力，而财权则是规定每一级政府能够从哪些地方收钱的权力。事权的权力范畴涉及做事，财权的权力范畴涉及收钱。

所谓财力，就是保障事权进行的钱。财力的本质是一种资源，或者更具体来说，财力本质上是一种资金保障。

如果将财权和财力放在一起对比分析，就更能够体会两者的不同。首先，不同体制机制下，财权的主体往往是不同的。联邦制财政体制下，下级政府也可以具有一定的财权，而在单一制财政体制下，下级政府很难具有财权。其次，具有财权的主体不一定是掌握财力的主体。某一级政府掌握收钱的权力，但收上来的钱不一定还在本级政府使用，更多可能是以某种体制机制允许的方式划归下级政府使用，或者是划归某一个具体部门使用，或者是划归某一项具体项目使用，等等。最后，财力的来源并不一定是单一的，也就是说，财权和财力大多数情况下未必是对等的。财力的来源可能是多种多样的，保障某一项事权进行的钱的来源可能全部来自上级政府、可能全部来自本级政府、也可能同时来自上级政府和本季政府，或者来自其他合法合理的资金渠道，等等。从总体上来看，财权是财力的主要来源。但是从具体层面来看，财权与财力并非全然对等，或者甚至可以说，在单一制财政体制下，对于某一级政府，财权和财力之间并没有特别直接的逻辑关联和因果联系。

所谓支出责任，就是为了完成事权而针对性花钱的责任。支出责任的实质是一种责任。为了履行支出责任而花的钱，应该就是与财力相关的，但这种财力保障也可能对于支出责任而言是充足的，也可能是不足的。也就是说，财力与支出责任之间不全然是对等的。履行支出责任的政府层级与提供财力保障的政府层级也可能是不同的，尤其是在单一制财政体制下，如果再加上还有多层级行政结构，那么形式支出责任的政府主体的层级可以说与提供财力保障的政府层级往往是不同的。

总结来看，事权和财权的实质都是一种权力，支出责任的实质是一种责任，财力的实质则是一种利益。因此，事权与财权、支出责任、财力，这四个概念，实际上代表了处理政府间关系过程中最为重要的三个方面，就是责、权、利。而如何处理责权利三者的关系，尤其是思考如何处理单一制财政体制运行下责权利三者之间的关系，就必须弄清楚事权、财权、财力和支出责任四者之间的关系。仅考察其中任何三者之间的关系，最后得到的结论可以说都是不充分的。

联邦制下事权、财权、财力、支出责任呈现的普遍特点

简要总结联邦制财政体制下事权、财权、财力和支出责任呈现的普遍特点，不难得出以下结论：

第一，在权力层面，联邦制财政体制下，事权与财权都具有分

权的性质。尽管不同类型的财政联邦制上下级政府之间的关系有差异，但是总体来看都具有这样的特点。事权是在联邦政府和地方政府之间分权存在的，联邦政府可以通过命令的形式将地方政府的部分事权进行一定程度上的控制甚至是解除。财权在联邦政府和地方政府之间也是分权存在的，联邦政府有收钱的权力，地方政府也有收钱的权力，只是权力的大小、控制的程度、范畴等维度上有所不同。

第二，在责任层面，联邦制财政体制下，支出责任的主体是州和地方政府，联邦政府仅承担很小一部分的责任，这也是因为绝大多数基本公共服务的提供都具有属地的性质，这决定着州和地方政府要承担更多的支出责任。

第三，在利益层面，联邦制财政体制下，财力的来源分为几个层面：一是联邦政府财权所对应的财力，二是州和地方政府财权所对应的财力，三是联邦政府划拨给州和地方政府的财力。

纵观联邦制财政体制，基本上可以说是具备责、权、利相对等、相匹配的原则的，每一级政府都拥有一定的事权范畴、财权范畴、财力范畴和支出责任范畴。

单一制下事权、财权、财力、支出责任呈现的普遍特点

接着，我们可以相对应地总结一下单一制财政体制下事权、财

权、财力和支出责任呈现的普遍特点，亦可得出一些结论。

第一，在权力层面，单一制财政体制下权力是集中的，无论是事权还是财权，在政府间的划分都是集中在上级政府的，或者说，在中央和地方政府之间的划分中，都是集中在中央政府的。中央政府具有规定每一级政府能够做什么事的权力，而地方政府无权自行决定本级政府或者下级政府能够做什么事，或者更具体来说，地方政府只有权在中央政府规定的事权范围内具体规定本级政府或者下级政府怎样开展事项能够更好地完成中央政府规定的事项。中央政府具有规定每一级政府能够收什么钱的权力，而地方政府则无权自行决定本级政府或者下级政府能够收什么钱，或者更具体来说，地方政府只有权在中央政府规定的财权范围内具体规定本级政府或者下级政府怎样开展事项能够更好地完成中央政府规定的财权规定，并且在钱收上来之后，按照中央政府的财权规定，将一部分钱留在本级。

第二，在责任层面，单一制财政体制下责任是完全下沉的，支出责任的主体甚至不是省一级政府或者市一级政府，而更多的是县一级政府。尽管是单一制体制，但是具体事项的完成仍然首先符合属地原则，所以最多的事项是下沉在县一级政府的。在改革的过程中，我们曾经有过“财权上收，事权下沉”这种说法，笔者认为这种说法显然是不科学的，事权和财权本质上都是权力的一种，都属于权力的范畴，而权力是与获得资源对等的，所以这种表达方式实际上并没有揭示我国财政体制问题的本质。笔者认为，我国财政体制问题的本质更准确地表达就应该是“事权上收，财权上收，支出责任下沉”，也就是说，本质上属于权力层面的、能够获得资源层面的东西，都收在上级政府了，而本质上属于责任层面的、需要花费资源的东西，都沉在下级政府了，这是突出的矛盾所在。

第三，在利益层面，单一制财政体制下财力是集中在上级政府的，少部分财力按照中央政府对财权的划分留在了地方政府，而更多的财力保障是依靠中央政府对地方政府的转移支付完成的。也就是说，单一制财政体制下，财力与财权的不同就在于，虽然大部分财力是集中在中央政府的，但是财力还是有一部分留在下级政府的，而财权则是全部集中在中央政府的。除了中央政府对地方政府的转移支付，单一制财政体制下还有部分地方政府之间的横向转移支付，这是财力转移的一个渠道，其相应的财力是在地方政府之间流动的，可以说是留在地方政府的，但是其所对应的财权仍然是上收在中央政府层面的，也就是说，不是地方政府之间想以什么方式流动财力就以什么方式流动财力，这种财力流动的方式、体量、时间区间、渠道等，都是受到中央政府制约的。

纵观单一制财政体制，不难发现，通常都具有“事权、财权、财力上收，支出责任下沉”的特点，也就是说，在直接代表资源的利益层面，在可能获取资源的权力层面，都是上收在上级政府层面的，而在很大程度上带有刚性色彩的责任层面，这些支出责任都是下沉在下级政府层面的，这当然会在很大程度上造成财政体制机制问题。

事权、财力、财权、支出责任与无资助命令的广义解析

基于事权、财力、财权和支出责任这四个概念再分析无资助命令，不难发现，无资助命令这个概念是与财政体制机制下的四个基本概念都紧紧联系在一起的。无资助命令的本质是一种权力，这种权力属于事权，上级政府拟定了某一项要求下级政府必须完成的事项，而完成这一事项所需要的财力，上级政府明确表示不提供，或者没有明确表示提供，或者表示以条件的形式进行提供，这导致担负支出责任的下级政府一方面必须完成事权另一方面还必须自己支付相应的财力。这里面的突出矛盾就凸显出来了。

而这种突出的矛盾在不同的财权下，其表现程度仍然是不同的。简要分析，在联邦制财政体制下，财权是分权形式存在的，州和地方政府作为下级政府，在接到无资助命令的时候虽然在绝大多数情况下是不情愿的，但是仍然能够寻求一种获得财力的方法，因为尽管在无资助命令这种情况下，虽然事权是上收的，财力是缺失或者不足的，支出责任是下沉的，但是财权的口子还是开着的。

反观单一制财政体制下，财权也是集中在上级政府的，地方政府作为下级政府，面对无资助命令，一般情况下就只能苦哈哈地去承担了，因为事权和财权全都是上收的，支出责任是全部下沉的，那些有财力支持的事项承担起来可能也会遇到一些困难也就罢了，

因为毕竟不会完全过不去，但是在这种情况下，如果还存在那些没有财力支持的事项、财力支持不足的事项或者哪怕是有约束条件的财力支持事项，财力这种资源路子也堵死了，权力和利益两大口子全都是封住的，责任主体就很难运转了。

对责、权、利的通盘思考与无资助命令的最终控制

思考对无资助命令的最终控制，尤其是单一制财政体制下对无资助命令的最终控制，首先必须清醒地认识到无资助命令所导致的责权利相关问题，其次必须清醒地认识到体制机制运行当中本来就存在责权利相关问题，并分析怎样操作会导致体制机制运行继续极化无资助命令本来就会产生的负面影响，而怎样操作会缓和甚至解决无资助命令领本来会产生的负面影响。

如上所述，在单一制财政体制下考虑无资助命令的最终控制问题，面对支出责任下沉这个无法改变的现实，加上财力没有提供、没有完全提供或者不能提供、不能完全提供以及为提供财力附加条件的情况下，只能在权力层面赋予下级政府一定的可用范畴，而在这种范畴下，地方政府能够利用权力来获取部分资源，从而完成相应的规定事项。

本书主要参考文献

［1］Posner, Paul L., 2007."The Politics of Coercive Federalism in the Bush Era."The Journal of Federalism.37(3)：390-412.

［2］Catherine H. Lovell, Max Neiman, Robert Kneisel, Adam Rose, and Charles Tobin (June 1979). Federal and State Mandating on Local Governments: Report to the National Science Foundation. Riverside, CA: University of California, p. 32.

［3］"Unfunded mandate". BusinessDictionary.com. Retrieved 2012-06-30.

［4］Dilger, Robert J., and Richard S. Beth. Unfunded Mandates Reform Act: History, Impact, and Issues. Publication no. 7-5700. Congressional Research Service, 2012. Print.

［5］"Voting Rights Act." America's Historical Documents. 8 April 2012.

［6］Salamon, Lester M., and Michael S. Lund. Beyond Privatization: The Tools of Government Action. Washington, D.C.: Urban Institute, 1989.

［7］United States. Cong. House. House Committee on Rules. Statement. By Alice M. Rivlin. H. Doc. Congressional Budget Office, 1981. Print.

［8］Anderson, Stacy, and Russell Constantine. Unfunded Mandates. Briefing Paper No. 7. Harvard Law School Federal Budget Policy Seminar, 3 May 2005. Web. 8 Apr. 2012.

［9］United States. Environmental Protection Agency. Summary of the Unfunded Mandates Reform Act. Print.

［10］Dilger, Robert J., and Richard S. Beth. Unfunded Mandates Reform Act: History, Impact, and Issues. Publication no. 7-5700. Congressional Research Service, 2012.

［11］Lex, Leo. "Intergovernmental Mandates in Federal Legislation," CBO Economic and Budget Issue Brief, (July: 2009).

［12］Cho, Chung-Lae and Wright, Deil S., 2001."Managing Carrots and Sticks : Changes in State Administrators' Perceptions of Cooperative and Coercive Federalism during the 1990s."The Journal of Federalism.31(2) : 57-80.

[13] Chung, Jae Ho., 2000.Central Control and Local Discretion in China : Leadership and Implementation during Post-Mao decollectivization. Oxford : Oxford University Press.

[14] Conlan, Tim., 2006."From Cooperative to Opportunistic Federalism : Reflections on the Half-century Anniversary of the Commission on Intergovernmental Relations."Public Administration Review.66(5)(Sep/Oct) : 663-76.

[15] Elazar, Daniel Judah., 1962.The American Partnership : Intergovernmental Co-operation in the Nineteenth-century United States. Chicago : University of Chicago Press.

[16] Gramlich, E.M., 1977."Intergovernmental Grants : A Review of the Empirical Literature." In W.E..Oates ed.The Political Economy of Fiscal Federalism.Lexington, MA : Lexington Books.

[17] Handmer, John, 1996."Policy Design and Local Attributes for Flood Hazard Management."Journal of Contingencies and Crisis Management.4(4) : 189-97.

[18] Hsu, Philip S., 2004."Deconstructing Decentralization in China : Fiscal Incentive Versus Local Autonomy in Policy Implementation."Journal of Contemporary China.13(40) : 567-99.

[19] Huang, Yasheng.1996.Inflation and Investment Controls in China : The Political Economy of Central-local Relations during the Reform Era. Cambridge England ; New York : Cambridge University Press.

[20] Johnston, Jocelyn, 2007."Welfare Reform : A Devolutionary Success?" In Timothy J.Conlan, and Paul L.Posner, eds.Intergovernmental Management in the 21st Century.Washington, DC : Brookings.

[21] Kincaid, John, 1990."From Cooperative to Coercive

Federalism."Annals of the American Academy of Political and Social Science.509(5)：139-52.

[22] Kronebusch, Karl, 2004."Matching Rates and Mandates：Federalism and Children's Medicaid Enrollment."Policy Studies Journal.32(3)(Aug)：317-39.

[23] Leach, Richard H., 1970.American Federalism.New York：W.Norton.

[24] Li, Linda Chelan, 1998.Centre and Provinces——China 1978~1993：Power as.

[25] Non-zero-sum.New York：Oxford University Press.

[26] Lowi, Theodore J., and Benjamin Ginsberg, 2000.American Government：Freedom and Power（Brief 6th ed）.New York：W.Norton.

[27] May, Peter J., and Raymond Burby J., 1996."Coercive Versus Cooperative Policies：Comparing Intergovernmental Mandate Performance."Journal of Policy Analysis and Management.15(2)：171-201.

[28] Oksenberg, Michel and James Tong, 1991."The Evolution of Central-provincial Fiscal Relations in China, 1971~1984：the Formal System."The China Quarterly.125：1-32.

[29] Ray, Marcella Ridlen, and Timothy J.Conlan, 1996."At What Price? Costs of Federal Mandates since the 1980s."State and Local Government Review.28(1)：7-16.

[30] Rosenthal, Donald B., and James M.Hoefler, 1989."Competing Approaches to the Study of American Federalism and Intergovernmental Relations."The Journal of Federalism.19：1-22.

[31] Smoke, Paul, 2003."Decentralisation in Africa：Goals, Dimensions, Myths and Challenges."Public Administration & Development.23(1)：7-16.

[32] Stephens, G.Ross, and Nelson Wikstrom, 2007.American Intergovernmental Relations：A Fragmented Federal Polity.New York：Oxford

University Press.

[33] Tsui，Kai-yuen，and Youqiang Wang，2004."Between Separate Stoves and a Single Menu：Fiscal Decentralization in China."The China Quarterly.177：71-90.

[34] U.S.Advisory Commission on Intergovernmental Relations，1994. Federally Induced Costs Affecting State and Local Governments.M-193.

[35] Wilde，John，1968."The Expenditure Effects if Grant-in-Aid Programs."National Tax Journal.21(2)：340-48.

[36] Wong，Christine.P.W.，2009."Rebuilding Government for the 21st Century：Can China Incrementally Reform the Public Sector?"The China Quarterly.200：929-52.

[37] World Bank，2002.China：National Development and Subnational Finance，A Review of Provincial Expenditures.Washington：World Bank.

[38] Zhang，Le-Yin，1999."Chinese Central-Provincial Fiscal Relationships，Budgetary Decline and the Impact of the 1994 Fiscal Reform：An Evaluation."The China Quarterly.157：115-41.

[39] Zheng，Yongnian，2007.De Facto Federalism in China：Reforms and Dynamics of Central-local Relations.Series on Contemporary China. Vol.7.Hackensack，NJ：World Scientific.

[40] Congressional Budget Office. "Identifying Intergovernmental Mandates," Economic and Budget Issue Brief. Jan 2005. 2.

[41] Price Waterhouse letter to the Honorable Barbara Sheen Todd, National Association of Counties, 25 October 1993.

[42] Johnston, Jocelyn. "The Medicaid Mandates of the 1980s: An Intergovernmental Perspective," Public Budgeting and Finance (Spring, 1997), 3–34.

[43] Herzfeld, Daniel. "Accountability and the Nondelegation of Unfunded Mandates: A Public Choice Analysis of the Supreme Court's Tenth

Amendment Federalism Jurisprudence," George Mason Law Review. 419. (1998–1999).

[44] Lovell, Chatherine and Tobin, Charles. "The Mandate Issue," Public Administration Review, Vol. 41, No. 3 (May–June, 1981). 318–31.

[45] Smith, Tom W. 1990. "Liberal and Conservative Trends in the United States since World War II." Public Opinion Quarterly 54:479–50.

[46] Presidential Task Force on Regulatory Relief. 1982. Reagan administration achievements in regulatory relief for state and local governments: A progress report. Washington, D.C.

[47] Advisory Commission on Intergovernmental Relations, Federal Regulation of State and Local Governments: The Mixed Record of the 1980s, A-126 (Washington, DC: ACIR, 1993).

[48] Dilulio, John and Don Kettl, Fine Print: The Contract with America, Devolution, and the Administrative Realities of American Federalism (Washington, D.C.: Brookings Institution, 1995), p. 41.

[48] "A Brief Overview of the Supreme Court" (PDF). United States Supreme Court. Retrieved 2009-12-31.

[49] Lawson, Gary. "The Rise and Rise of the Administrative State". Harvard Law Review. 1237–41 (1994).

[50] Garcia v. San Antonio Metropolitan Transit Authority, 105 S. Ct. 1005 (1985).

[51] Gullo, Theresa A. and Janet M. Kelly, "Federal Unfunded Mandate Reform: A First-Year Retrospective", Public Administration Review, Vol. 58, (Sept. 1998). 380.

[52] New York v. United States, 505 U.S. 144 (1992).

[53] Lowi, Theodore J., Benjamin Ginsberg, Kenneth A. Shepsle, and Stephen Ansolabehere. "Federalism and the Separation of Powers." American Government Power and Purpose. 11th ed. New York: W W Norton & Co, 2010.

59-60.

[54] "History| Clean Air Act | US EPA." EPA. Environmental Protection Agency. Web. 17 Apr. 2012. <"Archived copy". Archived from the original on 2012-05-02. Retrieved 2012-05-07.>.

[55] Americans With Disabilities Act of 1990. Pub. L. 101-336. § 102 (1990).

[56] Americans With Disabilities Act of 1990. Pub. L. 101-336 § 226 (1990).

[57] "Tax Incentives for Improving Accessibility." ADA Tax Incentives Packet. Web. 17 Apr. 2012.

[58] "Facts About the Americans with Disabilities Act." US EEOC Home Page. 9 Sept. 2008. Web. 5 Mar. 2012.

[59] "Medicaid in New York State." Medicaid. Mar. 2012. Web. 5 Mar. 2012.

[60] "Financing & Reimbursement | Medicaid.gov." Medicaid.gov. Web. 5 Mar. 2012.

[61] Sack, Kevin, and Robert Pear. "Governors Fear Medicaid Costs in Health Plan." The New York Times. 19 July 2009. Web. 5 Mar. 2012.

[62] Smith, Kevin B.; Greenblatt, Alan (2013). Governing States and Localities. CQ Press. p. 481. ISBN 1483301737.

[63] St. George, James R. "Unfunded Mandates: Balancing State and National Needs." Brookings Review Apr. 1995. Questia. Web. 8 Apr. 2012.

[64] Hacker, Will. "Village to Fight Against Unfunded U.S. Mandates." Chicago Tribune 15 Oct. 1993. Print.

[65] Wellman, Nola. Unfunded Mandates Reduce Efficiency; Local Control Improves Effectiveness. Print.

[66] Cockriel, Thomas. "House Subcommittee Holds Hearing on the Unfunded Mandates Reform Act of 1995" Penn Law. 25 Feb. 2011. Web. 08 Apr.

2012.

[67] "Unfunded Mandates." Citizens' Committee for an Effective Constitution. New Roosevelt Foundation, Inc. Web. 08 Apr. 2012.

[68] Talbert, Kent. "No Child Left Behind Act: Not an "Unfunded Mandate" " Court Cases : Education Law Review : Elementary & Secondary School Legislation, Charter Schools & Unfunded Mandate: Kent Talbert & Rober Eitel Lawyer & Attorney. Talbert & Eitel, 21 June 2010. Web. 08 Apr. 2012.

[69] "Summary of the Unfunded Mandates Reform Act." EPA. Environmental Protection Agency. Web. 09 Apr. 2012.

[70] Dilger, Robert J., and Richard S. Beth. "Unfunded Mandate Reform Act: History, Impact, and Issues." CRS Report for Congress (2011). Web.

[71] "H.R. 50: Unfunded Mandates Information and Transparency Act of 2015". GovTrack. GovTrack. Retrieved 9 February 2015.

后记：一个预期之外的十年回顾

最近思考关于“什么是科学”这个问题的时候，看到吴国盛先生提出，在哲学层面，问题背后的问题，包括“谁在提出问题？为什么提出问题？发问者期望回答者从哪些方面、以什么方式来回答？”虽然自知领悟哲学的灵力实在不高，但这还是给了我一些进一步认识无资助命令的灵感。

无资助命令是一个我们一直以来都很少给予关注的概念，所以乍一提起来，很多人以为是一个新概念，但这个概念却是看似新实则不新。我首次接触到这个概念，是在 2006 年。当时，我在天津大学攻读硕士学位，我的硕士研究生导师姜福洋先生向我提及他在美国留学时的思考，强调了无资助命令这个概念对公共政策相关研究的重要性。2009 年，我继续到财政部科研所攻读博士学位，我的博士研究生导师贾康先生问及我在硕士阶段的研究课题，又对这个概念进行了点拨，指出其对于财政政策相关研究的重要性。在攻读博士学位期间，我曾在一次研讨会上有幸与世界银行著名财税专家安瓦沙先生碰面，聆听了他对于无资助命令这个概念与财政联邦制之间广泛联系的相关论点。到财政部科研所工作之后，我被借调至财政部预算司体制处，常与时任体制处处长的王法忠博士探讨体制机制的实践问题，也了解到了许多关于无资助命令在我国现行财政体制机制中运行的情况。可以说，以上的一系列经历，都是我形成本书的重要原因，而这些原因竟也均不是刻意，完全是预期之外的偶得。

无资助命令原本是一个财政联邦制下的概念，但如果我们认为自己是单一制财政体制，就放弃这个概念，那么显然会远离真理。实际上，且不说我们具有在单一制财政体制下财政联邦制运行的部分特点，即使对于纯粹的单一制财政体制，无资助命令这个概念也具有相当大的研究意义。当然，在不同的制度下，无资助命令表现迥异，缓解路径也需要因时制宜、因地制宜、因人制宜。托克维尔说："立法者像人在大海里航行。他可以驾驶他所乘的船，但改变不了船的结构，他既不能呼风，又不能使他脚下的大洋息怒。"这位洞悉美国民主的法国先生在大洋彼岸对"这个制度并未使一切国家受益"的深思与判定，竟与东方智者钱穆先生异曲同工。钱穆恰亦曾有言："我认为政治制度，必然得自根自生。纵使有些可以从国外移来，也必然先与其本国传统，有一番融合媾通，才能真实发生相当的作用。否则无生命的政治，无配合的制度，决然无法长成。"据此，我想，这世上可能总有些问题是相通的，是俗语中所说的"通病"，但"通药"可能却是没有的，可虽没有统一的药方，但终归药理总是有相通之处的，只是要看挖掘得是否够深入、是否够恰当、是否找到了真正联通的点。我自知才疏学浅、资历阅历亦均不足，但本着这点愚见，还是在贾康先生、姜福洋先生以及王法忠处长的指导和鼓励下完成了此番对无资助命令的研究，但求抛砖引玉。

虽然前后历经十多年的时间，但受到学识、见识、思维、方法等多维度制约，书中难免多有粗鄙之处，但求海涵、指正。最后特别致谢本书的责编熊汉宗及山西出版集团，他们给了这本书面世的机会。

是日，心安。

2018 年 11 月于北京新知大厦